数智化

U0688983

智能客户服务实务

微|课|版

崔婷 徐永红 ◎主编

马巍巍 李剑钊 谭明霞 唐慎龙 ◎副主编

人民邮电出版社

北 京

图书在版编目（CIP）数据

智能客户服务实务：微课版 / 崔婷，徐永红主编.
北京 ：人民邮电出版社，2025. --（数智化营销新形态
系列教材）. -- ISBN 978-7-115-67164-6

Ⅰ. F274-39

中国国家版本馆 CIP 数据核字第 20253UY278 号

内 容 提 要

　　本书整合了客户认知、智能管理、综合实训三大内容体系，设计了 10 个项目，分别是智能客户服务与管理、客户选择、客户开发、客户信息管理、客户分级、客户沟通、智能电商客户服务、客户满意与忠诚、基本能力综合实训和网店客服综合实训。本书采用理论、案例与实训相结合的形式，深度剖析了智能客户服务实务的核心思路，旨在帮助读者掌握实施智能客户服务的有效策略和方法。

　　本书不仅可以作为高等职业院校电子商务、市场营销、工商管理等专业智能客户服务相关课程的教材，还可以作为实体店服务与管理人员、网店服务与管理人员及企业运营人员的参考书。

◆ 主　　编　崔　婷　徐永红

　　副 主 编　马巍巍　李剑钊　谭明霞　唐慎龙

　　责任编辑　白　雨

　　责任印制　王　郁　彭志环

◆ 人民邮电出版社出版发行　　北京市丰台区成寿寺路 11 号

　　邮编　100164　电子邮件　315@ptpress.com.cn

　　网址　https://www.ptpress.com.cn

　　北京天宇星印刷厂印刷

◆ 开本：787×1092　1/16

　　印张：12.5　　　　　　　　　　　2025 年 6 月第 1 版

　　字数：280 千字　　　　　　　　　2025 年 6 月北京第 1 次印刷

定价：54.00 元

读者服务热线：(010)81055256　印装质量热线：(010)81055316
反盗版热线：(010)81055315

前言

【情景任务】

今年刚刚毕业的同校大学生小张与小周，和所有同学一样面临如何就业的问题。他们结合自身优势分析讨论后，准备利用所学知识一起创业，成立小张摄影工作室。以下是两位同学的基本情况。

张文博　某高职院校市场营销专业毕业生

热爱摄影，获得多个全国大学生摄影大赛奖项

校学生会副主席，善于组织协调，性格沉稳大方

周跃楠　某高职院校计算机专业毕业生

热爱摄影，精通图片处理技术

校学生会宣传部部长，善于交际，性格热情活泼

请同学们结合本课程的知识逻辑及多彩知识树，在各项目学习的过程中，利用所学项目知识点和技能点回答小张摄影工作室从初建开始面临的一系列问题，并帮助小张和小周完成整个智能客户服务实务体系的搭建工作，最终提高小张摄影工作室的客户满意度与忠诚度。

【教学目的】

通过学习本课程，学生能够把握数字经济时代的商务规律，提升客户服务基本技能与综合素质，从而掌握从事营销或销售岗位工作所需的职业技能。

【课时分配】

本书适用于高等职业院校学生，参考课时为42～56课时。各项目参考课时分配情况如下表所示。

课时分配

篇	项目	课时安排
客户认知篇	项目一　智能客户服务与管理	2课时
智能管理篇	项目二　客户选择	4～6课时
	项目三　客户开发	4～6课时
	项目四　客户信息管理	4～6课时
	项目五　客户分级	4～6课时
	项目六　客户沟通	4～6课时
	项目七　智能电商客户服务	4～6课时
	项目八　客户满意与忠诚	4～6课时
综合实训篇	项目九　基本能力综合实训	6课时
	项目十　网店客服综合实训	6课时
总计		42～56课时

【本书主要内容与特点】

本书强调知识的应用性与实践性，注重培养学生的应用能力，采用情境及案例教学模式，使学生能够系统地进行课程学习，并掌握分析问题、解决问题的思路与方法，以解决

实际工作问题。

本书包括客户认知篇、智能管理篇和综合实训篇三大内容篇章，共 10 个项目。其中客户认知篇包括智能客户服务与管理；智能管理篇按照智能客户服务实务流程划分为客户选择、客户开发、客户信息管理、客户分级、客户沟通、智能电商客户服务、客户满意与忠诚，共 7 个项目；综合实训篇包括基本能力综合实训、网店客服综合实训两个项目。本书充分分析高职院校学生的学习特点，设置丰富的教学栏目及实践训练，内容全面丰富、浅显易懂。

（1）本书将基础理论进行分解并重新整合，去除了复杂理论，将每个项目的内容进行整合提炼，仅涵盖核心内容，将其他知识设置在拓展延伸模块，充分考虑了高职院校学生的学习特点，尽力保证学生掌握核心内容，提高学习效率。

（2）本书从两位刚毕业的学生张文博与周跃楠进行摄影工作室创业的视角，将智能客户服务实务的相关知识融入学生创业的环节，并随着两位学生在创业过程中与客户关系的不断推进，适时提出问题与项目学习任务，讲解相关知识，最后通过实训帮助两位学生解决问题。

（3）本书详细讲解了常见的智能客服实训软件，学生可以在线模拟电商客服人员的真实工作场景。通过场景模拟，学生可以真正做到理论联系实际，同时降低对理论学习的倦怠感。

（4）本书设置了专门的综合实训篇，旨在通过情景模拟、角色扮演与综合培训等方法培养学生在客户服务过程中的基本礼仪、沟通技巧、倾听能力、应变能力、客服电话接听能力、智能技术应用能力及提问复述能力等，提高学生综合业务素养。

（5）本书配有技能测试、案例分析及项目实训等内容。同时，本书有配套的超星平台相关资料，包括文本、课件、视频、动画等内容，可以帮助教师完成相关教学，提高教学效率。

（6）目前市场上大多数教材案例较旧，缺乏对新兴企业新典型案例的挖掘。编者通过查阅教材、资料及企业官网，不断挖掘和积累客户服务及客户管理的新技术、新思维、新故事，将其作为新案例编入本书，使学生在学习企业故事的过程中掌握相关知识，提高学习兴趣。

（7）本书将素质教育融入教材，以社会主义核心价值观为主线，以提高学生创新创业和职业发展两大能力为目标，借助智能客户服务实务的相关案例、企业家成功案例和项目实训等，恰到好处地融入了中华优秀传统文化、职业操守、职业素养、创新创业等元素。本书不仅能提高学生分析及解决问题的能力，还能在专业教学过程中起到价值引领作用，帮助学生树立正确的世界观、人生观、价值观，让学生成为素质与技术并重的人才。

本书由崔婷、徐永红担任主编，由马巍巍、李剑钊、谭明霞、唐慎龙担任副主编。由于编者水平有限，书中难免存在不足之处，敬请广大读者批评指正。

编　者
2025 年 6 月

目录

客户认知篇

项目一 智能客户服务与管理

多彩知识树

智能客户服务与管理
- 初识智能客户服务与管理
- 了解智能客户服务与管理系统
  - 智能客户服务与管理系统
  - 智能客户服务与管理系统的工作原理
  - 智能客户服务与管理系统的意义
  - 智能客户服务与管理系统的整体架构
  - 智能客户服务与管理系统的评价体系
- 智能客户服务与管理的相关理论
  - 客户生命周期理论
  - 客户价值理论
  - 客户价值分析方法

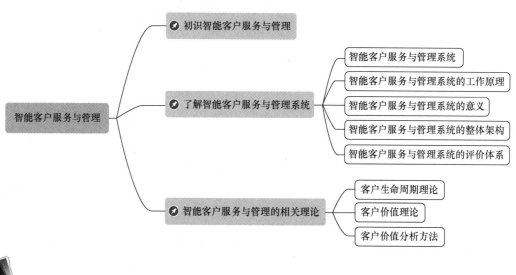

课前小故事

知乎的客户管理

自 2011 年成立以来，知乎凭借认真、专业、友善的社区氛围，独特的产品机制，结构化、易获得的优质内容，聚集了中文互联网科技、商业、影视、时尚、文化等领域极具创造力的人群，已成为在诸多领域具有关键影响力的社区平台，构建起了以广告和会员为主的商业模式。

（1）知乎如何面对用户及市场的改变？

近年来，知乎的用户结构发生了转变，二、三线城市的用户开始进入知乎，并且在非常多的领域都展现出乐于分享、交流的特点。知乎用户市场的变化带动了其客户群体和客户需求的转变，也从侧面推动了知乎的业务数字化转型，知乎需要知道客户在哪儿、如何找到客户、多变的市场中客户的需求是什么等。

（2）知乎如何利用数字化技术管理业务？

知乎涉及的数字广告业务分为品牌业务和效果业务，其中品牌业务的业务模式属于方案销售模式。方案销售模式的痛点就是销售周期长、涉及产品范围广、客户决策流程复杂、涉及的人员和利益多。正因如此，知乎对管理销售目标和快速推进销售流程十分看重。

但是，知乎销售团队一般分散在外，对他们每天的工作进度进行监管的难度很高。例如，日常的典型场景：销售代表今日外出拜访潜在大客户，销售管理者需要了解今天销售沟通的内容与成效，如销售成交概率是否有所上升、是否需要管理层提供支援和指导，以确保签下客户。

知乎利用数字化技术，在面临挑战时，渐渐找到了正确的方向：制定销售目标、追踪业绩完成情况，即销售过程关键节点的数字化运营与管理。

（3）知乎选择了什么样的数字化工具来管理业务？

客户关系管理（Customer Relationship Management，CRM）是管理业务的工具，而销售易就是其中一种。销售易目前已经成为知乎销售管理工作中不可或缺的一个工具。销售易的功能具体包括管理者对团队和整体业务的管理及一线销售对日常工作流程的高效推进两方面。事实上，知乎在刚刚上线 CRM 系统时，销售团队不愿意接受习惯的改变和工具的约束，以及日常录入的"额外"工作量。但当整个团队使用 CRM 系统的习惯被培养起来，大家的工作效率明显提高。

（4）销售易有哪些亮点打动了知乎？

① 客户管理——收集整理客户信息。

知乎拥有一支庞大的销售团队，销售易可以协助销售管理者解决如何分配客户、如何使客户"活跃度高、有人管"等难题；同时，销售易可以帮助知乎妥帖地解决客户转移、客户归属等问题，确保工作流程快速、高效地推进。

② 智能数据分析——实时描绘业务状态。

知乎销售管理者可以通过智能分析云快速提取业务数据，并及时为领导层提供各类数据报表；同时，销售管理者可以根据各类数据表现，决定是否为各区域的销售提供合理的帮助和进行必要的调整。

知乎多样化的产品矩阵、优质的内容、高价值的用户构成，深度影响着客户的认知。如今，知乎更加重视提高自身商业变现能力，在互联网的加持之下，数字化进程加速无疑将为知乎业务的高速发展全面赋能。在未来，知乎将不断提高业务数字化能力，以推动其知识营销新生态发展，助力自身成为具有多领域关键影响力的社区平台。

思考与讨论：知乎的客户管理方式给你带来什么启示？

学习目标

知识目标

1. 了解客户数据管理的重要性和智能客户服务与管理的意义。
2. 理解并掌握智能客户服务与管理系统的相关内容。
3. 理解智能客户服务与管理的相关理论。

能力目标

1. 能够正确认识客户数据管理及智能客户服务与管理。
2. 能够对智能客户服务与管理相关理论进行灵活应用。

素养目标

1. 培养对智能客户服务与管理及相关岗位的职业兴趣与敬业意识。
2. 培养诚信经营、严谨求实、客户导向的意识。
3. 培养认真负责的工作态度与一丝不苟的工匠精神。
4. 培养主动沟通与互利互惠的理念。
5. 培养理论指导实践并应用于实践的哲学思维。

任务一　初识智能客户服务与管理

情景任务

　　大学毕业的小张选择与朋友一起创业，成立了一家摄影工作室。工作室成立之初，小张与朋友在网络上查找资料时发现，创业之初客户关系的维持与管理非常重要。那么到底为什么要进行智能客户服务与管理呢？在本任务中，小张将跟随大家一起来探寻这个问题的答案。

　　本任务点目标：了解客户数据管理的重要性。

　　企业最重要的资产不是产品，而是企业所拥有的客户，如果企业所拥有的客户质量高、数量多，那么就不必担心订单量的问题。

　　在和客户打交道的过程中，会产生相应的客户数据，企业必须对这些客户数据进行管理。客户数据管理对企业来说非常重要，那么客户数据管理的重要性体现在哪些方面呢？

谈一谈

通用电气公司变革的带头人韦尔奇说:"公司无法提供职业保障,只有客户才行。"

彼得·德鲁克说:"企业的目的就是创造客户。"

沃尔玛创始人山姆·沃尔顿说:"实际上只有一个真正的老板,那就是客户。"

请谈谈你对以上名人名言的理解和看法。

_____

_____

(一)能够解决部门协作和沟通的问题

如果进行了客户数据管理,部门之间沟通时就可以直接利用管理系统搜索客户,快速找到相应的客户信息。反之,如果不对客户数据进行管理,部门之间就无法共享客户的信息,不仅在寻找信息和沟通上会花费更多的时间成本,还会导致部门之间也难以协同。

(二)能够帮助企业实时更新市场动态

对一些企业来说,想实时了解市场动态是非常困难的;但是对客户来说,他们往往可以轻易地了解市场动态。因此,企业可以通过客户的购买意向和潜在需求了解市场的风向。企业通过进行客户数据管理,能够了解客户的购买意向和潜在需求,从而了解市场的具体变化,并可以利用这些信息对企业的决策进行调整。

(三)能够提高后期营销的成功率

企业通过客户数据可以了解客户为什么会购买企业的产品及客户的具体要求是什么,对这些数据进行管理可以提高后期营销的成功率。不管是对管理部门还是营销部门来说,掌握客户的实时数据都非常重要。

客户资源是决定企业生存发展的重要资源,如果不能好好把握这一资源,企业将无法获得更多的发展活力。企业可以通过相应的 CRM 系统进行客户数据管理,这样工作可以更高效。CRM 系统框架如图 1-1 所示。

图 1-1　CRM 系统框架

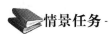
课堂案例

查看配套资源中的课堂案例，谈谈你对案例的看法。

课堂案例

"客户痴迷"理念

_____

_____

_____

任务二　了解智能客户服务与管理系统

情景任务

在上一节课中小张了解了智能客户服务与管理的重要性，决定做好智能客户服务与管理的准备。

那么请同学们思考：到底什么是智能客户服务与管理呢？生活中有哪些智能客户服务与管理的现象？请举例说明。

本任务点目标：了解智能客户服务与管理系统及其工作原理；

了解智能客户服务与管理系统的意义；

理解智能客户服务与管理系统的整体架构和评价体系。

一、智能客户服务与管理系统

智能客户服务与管理系统是一种结合了人工智能（Artificial Intelligence，AI）技术的客服工具，用于提高客户服务与管理的效率和质量。它通过利用机器学习算法、自然语言处理（Natural Language Processing，NLP）、自动化和数据分析等先进技术，提供智能化的客户支持。智能客户服务与管理系统的主要特点如下。

（1）自动化应答：通过聊天机器人和自动回复功能，智能客户服务与管理系统能够自动处理大量常见的客户咨询和请求，实现快速响应。

（2）个性化服务：通过分析客户的行为和偏好，智能客户服务与管理系统能提供个性化的建议和解决方案，优化客户体验。

（3）自然语言理解：利用NLP技术，智能客户服务与管理系统能够理解客户用自然语言提出的问题，与客户进行有效沟通。

（4）数据分析和洞察：通过收集和分析客户互动数据，智能客户服务与管理系统能提供有关客户行为和偏好的洞察，帮助优化服务流程和产品设计。

（5）持续学习与优化：随着与客户互动的增多，智能客户服务与管理系统能通过机器学习算法不断提升响应的准确性和相关性。

（6）多渠道集成：智能客户服务与管理系统支持通过不同的平台（如网站、App）与客户进行互动，提供一致的服务体验。

二、智能客户服务与管理系统的工作原理

（一）自然语言理解

利用 NLP 技术，智能客户服务与管理系统能够理解客户以自然语言形式提出的问题。智能客户服务与管理系统会分析这些语言的结构和语义，从而准确理解客户的需求。

（二）信息检索和处理

智能客户服务与管理系统能够通过访问内置的知识库或数据库，找到与客户查询相关的信息。这涉及从大量数据中快速、准确检索信息的能力。

（三）学习和适应

随着时间的推移，智能客户服务与管理系统能够通过机器学习算法从每次互动中学习，不断提升回答的准确性和相关性。它可以适应不同客户的独特需求和行为模式。

（四）生成响应

智能客户服务与管理系统能够根据检索到的信息和学习结果，生成合适的答案，并以自然语言的形式回应客户。

（五）持续优化

智能客户服务与管理系统会持续收集客户反馈和互动数据，用于进一步提高服务质量。

例如，一家在线电子产品零售商使用智能客户服务与管理系统。当客户询问："我想了解贵公司的最新智能手机有什么特色。"智能客户服务与管理系统首先通过 NLP 技术理解这个问题，然后从其数据库中检索有关最新智能手机的信息，包括其特点、价格、评价等。接着，智能客户服务与管理系统将这些信息整合成流畅的回复，例如："我们最新的智能手机的特色包括高分辨率相机和快速处理器。目前市场价为×××元。"在整个过程中，智能客户服务与管理系统会记录这次互动，用于提升其回答的相关性和准确性。

通过这种方式，智能客户服务与管理系统不仅提高了响应效率，也提供了个性化和精准的客户服务。

课堂案例

查看配套资源中的课堂案例，谈谈你对案例的看法。

_____

_____

_____

课堂案例

客户的分类

三、智能客户服务与管理系统的意义

（一）提高客户服务效率

智能客户服务与管理系统通过自动化处理大量常见问题和请求，减少了对传统人工客服的依赖。这不仅加快了问题的解决速度，还显著减少了人为操作错误。例如，一家在线零售商店使用聊天机器人处理客户咨询，聊天机器人自动解答了大多数标准问题，从而使客服团队能够专注于更复杂的咨询，提高了整体服务效率。

（二）提高客户满意度和体验

通过快速、准确地提供响应和解决方案，智能客户服务与管理系统大大提高了客户的满意度。此外，智能客户服务与管理系统的个性化服务推荐和交互增加了客户的参与度，提升了客户体验。例如，一家航空公司的智能客户服务与管理系统能够根据客户的飞行历史和偏好提供个性化的座位和航班选项，提升客户的订票体验。

（三）提供数据洞察和促进持续改进

智能客户服务与管理系统能够通过分析客户互动数据，为企业提供有关客户行为和需求的深入洞察。这些数据可以用来优化服务流程和产品设计，促进持续改进和创新。例如，一家家电制造商利用智能客户服务与管理系统收集的反馈数据，改进了其产品设计，并调整了市场策略，更好地满足了客户需求。

（四）节省人力和优化客户关系

随着业务规模的扩大，智能客户服务与管理系统能够轻松应对大量的客户咨询，无须显著增加人力；同时，系统能帮助企业更好地管理客户信息和互动历史，优化客户关系。例如，一家科技型初创公司通过部署智能客户服务与管理系统，在不增加人力的情况下有效应对了客户咨询量的快速增长，同时通过系统跟踪客户互动历史，提供了个性化的售后支持。

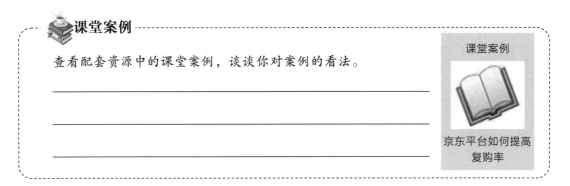

课堂案例

查看配套资源中的课堂案例，谈谈你对案例的看法。

课堂案例

京东平台如何提高
复购率

四、智能客户服务与管理系统的整体架构

智能客户服务与管理系统的整体架构包括基础服务层、应用服务层、编辑运营层、接入层及在线客服系统。基础服务层提供对话系统的基础技术。对话系统需要对客户输入的

一段语句进行理解，这需要通过自然语言理解模块来实现，该模块可对语句进行分词、词性标注、实体识别、关键词抽取和句法分析等。对话系统还需要识别客户的意图，包括通用意图和业务意图，通用意图是指客户是做业务咨询还是闲聊，业务意图是指若客户是做业务咨询，具体咨询什么业务。对话系统会使用文本分类的技术去识别客户意图。智能客户服务与管理系统整体架构如图 1-2 所示。

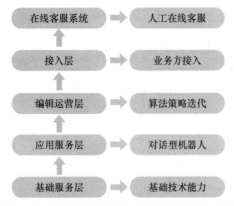

图 1-2　智能客户服务与管理系统整体架构

基础服务层之上是应用服务层，这一层包含基于问答知识库的机器人（KB-Bot）、任务型对话机器人（Task-Bot）和闲聊型机器人（Chat-Bot），这是智能客户服务与管理系统的 3 种核心应用。编辑运营层有一个编辑团队支撑算法策略迭代，主要负责数据标注、问答运营、数据分析和效果评估等工作，这些工作的输出会作用到基础服务层和应用服务层。基于应用服务层，接入层对外提供通用的接口服务以便业务方接入。机器不是万能的，客户有很多复杂的问题仍需要人工解决，而在线客服系统具备人工在线客服的能力，应用服务层能和在线客服系统无缝对接。

五、智能客户服务与管理系统的评价体系

智能客户服务与管理系统需要有一个完备的评价体系以完善自身，在评价体系中有基于人工标注的评价和基于客户反馈的评价两种评价方式。

（一）基于人工标注的评价

智能客户服务与管理系统的回答能力受限于知识库的丰富程度，因此无法回答客户的所有问题。智能客户服务与管理系统最佳的状态是将能回答的问题全部准确回答，不能回答的问题全部拒识，即拒绝回答。因此基于人工标注的评价指标包括有结果率、拒识率、召回率和准确率等，目标是让智能客户服务与管理系统的有结果率无限接近数据的真实有结果率，同时让召回率和准确率尽量高。通常通过标注标准评测集来计算智能客户服务与管理系统的各项指标：从每日的全量数据集中抽样出一个小数据集，保证小数据集的数据分布尽量符合全量数据集的数据分布，然后由标注团队对数据集做标注，标注出每个问题的实际答案，一般标注完成后还有质检的环节，以保证标注结果尽量准确，这样便生成了每日数据的标准评测集。通常基于该标准评测集评价智能客户服务与

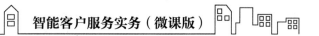

管理系统的好坏，并且每次做新模型迭代时都使用标准评测集去评价新模型，新模型只有效果好才允许上线。

（二）基于客户反馈的评价

基于人工标注的评价能够评价智能客户服务与管理系统的准确率，但是答案是否合理，能否为客户解决问题，则需要通过客户反馈进行评价，因为整个智能客户服务与管理系统的最终目标是帮助客户解决问题。企业会在产品上设计智能客服和在线客服的评价功能，如让客户评价智能客服的每个答案或者某次会话，在客户和人工客服聊天完毕后发送评价卡片让客户给出满意度。最终统计参评比例、满意度等指标，这些指标能够真正反映智能客户服务与管理系统的好坏。但在实际应用中往往客户参评比例低，为此企业会使用各种方法去刺激客户评价。

课堂案例

查看配套资源中的课堂案例，谈谈你对案例的看法。

课堂案例

"客户成功"的历史

任务三 智能客户服务与管理的相关理论

情景任务

通过上一节课的学习，小张在同学们的帮助下初步了解了智能客户服务与管理的相关内容。那么在开始做智能客户服务与管理工作之前，有哪些相关的理论能够帮助我们更好地开展接下来的工作呢？在本任务中，小张将跟随大家一起来挖掘这些理论。

本任务点目标：理解客户生命周期理论；

　　　　　　　　理解客户价值理论；

　　　　　　　　掌握客户价值分析方法；

　　　　　　　　能够通过理论分析现实问题。

一、客户生命周期理论

（一）客户生命周期的内涵

客户生命周期，是指从企业与客户建立业务关系到完全终止关系的全过程，是客户关系水平随时间变化的发展过程，它动态地描述了客户关系在不同阶段的总体特征。

（二）客户生命周期 4 个阶段

客户生命周期划分为考察期、形成期、稳定期、退化期 4 个阶段，如图 1-3 所示。

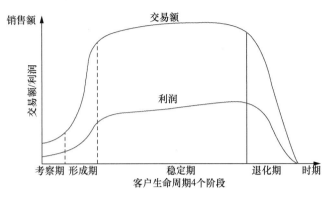

图 1-3　客户生命周期 4 个阶段

1．考察期

考察期是客户关系的孕育期，是企业与客户之间关系的探索阶段。在这一阶段，双方了解不足，需要考察和测试双方目标的相容性，并考虑建立长期关系时双方潜在的权利和义务。不确定性是这一阶段的主要特征，评估对方的潜在价值和降低不确定性是这一阶段的中心目标。在这一阶段，客户会尝试购买产品。因此，企业的主要任务是通过承诺和推荐说服潜在客户购买。

2．形成期

客户关系能进入这一阶段，表明在考察期双方都比较满意，并建立了一定的信任关系。在形成期，双方活力逐渐提高，相互依赖的程度也日益增加。企业和客户都逐渐认识到对方具备令自己满意的价值，并履行其在关系中承担的职责，愿意承诺建立一种长期关系。在形成期，客户关系日趋成熟，双方的风险承受意愿增加，由此双方交易规模不断扩大。这一阶段，企业的主要任务是实现产品或服务的个性化定制和交叉销售。产品或服务的个性化主要涉及营销组合中的产品或服务策略，其可以通过客户整合和增值服务实现。

3．稳定期

稳定期是客户关系水平的最高阶段。在这一阶段，双方明确地对持续长期关系做了保证。客户对企业非常忠诚，将大部分甚至全部采购业务给予企业，是企业的"最有价值客户"。这一阶段，企业的主要任务是与客户加强沟通、交流与互动，通过情感营销，提高客户满意度和忠诚度。同时，企业可以设置客户退出壁垒以减少客户退出的比例。

企业可以根据自有产品或服务的特点设置客户退出壁垒，可以采用技术、契约等手段。

4．退化期

退化期是客户关系发展过程中客户关系水平逆转的阶段。客户表现出不满意、忠诚度下降，企业面临流失客户的风险。这一阶段，企业的主要任务是加强调查与沟通，了解问题原因，及时缓解客户不满与解决售后冲突。

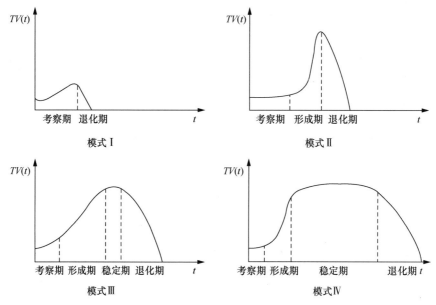

?　**想一想**

思考一下，客户生命周期的各阶段是按照顺序依次出现的吗？

_____

_____

（三）客户生命周期 4 种模式

客户生命周期的各阶段并不是依次出现的。客户关系的退化并不总是发生在稳定期之后，实际上，客户关系在任何一个阶段都可能退化。当然，也有可能企业在面临客户流失的时候通过适当策略进入下一个成长期，从而不出现退化。因此，客户生命周期根据表现情况可以分为 4 种模式，t 通常表示时间，$TV(t)$ 通常指的是客户在时间 t 时的总价值，具体如图 1-4 所示。

图 1-4　客户生命周期 4 种模式

模式 I 又称早期流产型，是指客户关系没能越过考察期就结束了。客户关系早期流产的原因可能有两种：一是客户认为供应商没有能力提供让其满意的价值；二是供应商认为客户没有多大价值，不愿与其建立长期关系。

模式 II 又称中途夭折型，是指客户关系虽越过了考察期，但没能进入稳定期，而在形成期中途夭折。客户关系能进入形成期表明双方对此前关系价值满意，并建立了一定的信任关系，而客户关系中途夭折的主要原因是供应商不能满足客户不断提高的价值预期。

模式 III 又称提前退出型，是指客户关系虽进入了稳定期，但没能长久保持，而在稳定期前期退化。客户关系没能长久保持的主要原因可能有以下两种：一是供应商的持续增值与创新能力不足；二是双方从关系中获得的收益不对等。

模式Ⅳ又称长久保持型，是指客户关系进入稳定期并在稳定期长久保持。客户关系能长久保持在稳定期，可能的原因有三个：一是供应商提供的客户价值始终比竞争对手高，客户认为供应商是最有价值的供应商；二是双方关系是对等的，客户认为双方关系是公平的；三是客户有很高的经济和心理转移成本。

二、客户价值理论

伍德罗夫认为：客户价值方向是"企业—客户"，即企业为客户创造价值，其受益者和所有者是客户，这种客户价值称为客户让渡价值。

罗杰·卡特怀特认为：客户价值方向是"客户—企业"，即客户为企业创造价值，其受益者和所有者是企业，这种客户价值称为客户终身价值。

（一）客户让渡价值

客户让渡价值即客户获取的总价值，是客户总价值和客户总成本之间的差额。客户总价值受到产品价值、服务价值、人员价值、形象价值四大因素影响；客户总成本受到货币成本、时间成本、精力成本和体力成本四大因素影响。客户让渡价值模式如图1-5所示。

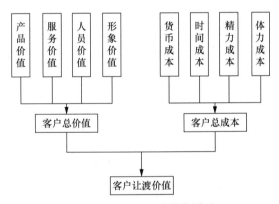

图1-5　客户让渡价值模式

设产品价值为 P_1，服务价值为 S，人员价值为 P_2，形象价值为 I，客户总价值为 TCV，则存在如下函数关系：

$$TCV=f(P_1,S,P_2,I)$$

设货币成本为 M，时间成本为 T，体力成本和精力成本为 C，客户总成本为 TCC，则存在如下函数关系：

$$TCC=f(M,T,C)$$

设客户让渡价值为 $TCDV$，则由以上两式可得：

$$TCDV=f(P_1,S,P_2,I)/f(M,T,C) \text{ 或 } TCDV=f(P_1,S,P_2,I)-f(M,T,C)$$

（二）客户终身价值

客户终身价值又称客户生命周期价值，是指企业的单个客户在其生命周期内能够给企业创造的收益总和。影响客户终身价值的因素包括客户生命周期长度、企业与客户关系的质量、客户维系成本等。

客户生命周期越长，企业与客户关系越密切，则客户终身价值越高。客户维系成本越低，则客户终身价值越高。分析客户终身价值有利于提高客户贡献率、促进企业收入增加、降低企业成本、提高口碑效应。

三、客户价值分析方法

（一）ABC 分析法

ABC 分析法，又称帕累托分析法，是基于二八法则，根据客户为企业创造的价值，将客户分为关键客户（A 类客户）、主要客户（B 类客户）和普通客户（C 类客户）3 个类别。该方法要求企业对不同类别的客户采取不同的管理方法，并建立科学动态的分类管理机制。

A 类客户数量通常仅占客户总数的5%，他们对企业的贡献最大，能给企业带来长期稳定的收益。企业应高度重视并花费大量时间和精力来提高该类客户的满意度。企业可以通过选择最佳的服务方案，建立最佳的客户跟踪档案，采取最细心周到的服务措施，等等，逐步赢得该类客户的信任。

B 类客户数量通常占客户总数的15%。他们不属于优质客户，但是对企业经济指标完成情况有直接影响。因此，企业应倾注较多的时间和精力为这类客户提供针对性服务，把对这类客户的跟踪工作作为管理的重点，不时地拜访他们，听取他们的意见。

C 类客户数量通常占客户总数的80%。这类客户量多而价值低，处于观望状态，产品在某些方面不能满足这类客户的需求，且问题不容易解决。对这类客户，企业不宜有过多的管理，但也不能缺少关注。由于这类客户数量众多，具有成长潜力，企业可以提供方便、及时的大众化服务。另外，企业还应发掘具有潜力的客户，将其发展成为 B 类或 A 类客户。

（二）RFM 分析法

RFM 分析法是根据客户最近一次购买时间（Recency）、购买频率（Frequency）和购买金额（Monetary Amount）计算客户价值的一种方法，上述 3 个要素构成了分析和预测客户未来购买行为的重要指标。

- 最近一次购买时间是指客户最近一次购买行为距离分析时的时间。
- 购买频率是指客户在一定时间内购买该企业产品的次数。
- 购买金额是指在一段时间内，客户购买该企业产品的总金额。

（三）CLV 分析法

广义上的 CLV（Customer Lifetime Value，客户生命周期价值）是指企业从客户处获得的全部利润现值，由历史利润和潜在利润两部分组成。其中，历史利润是到目前为止客户为企业创造的利润总现值；潜在利润是客户在未来可能为企业带来的利润总现值。CLV 分析法客户划分如图 1-6 所示。

狭义上的 CLV 仅指潜在利润。

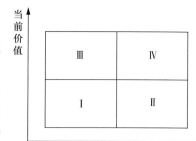

图 1-6　CLV 分析法客户划分

Ⅳ类客户是指那些既有很高的当前价值，又有很高的潜在价值的客户。

Ⅲ类客户是指那些具有很高的当前价值，但潜在价值并不太高的客户。

Ⅱ类客户是指当前价值较低，但是具有较高潜在价值，未来可能转化为Ⅲ类或Ⅳ类客户的客户。

Ⅰ类客户对企业的价值最低，是企业的微利或者无利客户。

 谈一谈

谈谈你对以上 3 种客户价值分析方法的看法。你更喜欢使用哪种方法？为什么？

_____

_____

技能测试

一、不定项选择题

1. CRM 是指（　　　）。

  A. 客户关系管理　　B. 企业资源计划　　C. 供应链管理　　D. 人力资源管理

2. 客户生命周期理论从动态角度研究客户关系，客户生命周期可以分为 4 个阶段，其中（　　　）是客户关系水平的最高阶段。

  A. 稳定期　　　　B. 形成期　　　　C. 考察期　　　　D. 退化期

3. 客户生命周期 4 种模式，模式Ⅱ又称（　　　）。

  A. 中途夭折型　　B. 长久保持型　　C. 早期流产型　　D. 提前退出型

4. 客户让渡价值是指客户购买产品或服务实现的总价值与客户购买该产品或服务付出的总成本之间的差额。其中，客户购买产品或服务实现的总价值包括（　　　）。

  A. 产品价值　　　B. 服务价值　　　C. 人员价值　　　D. 形象价值

二、判断题

1. 所谓客户指的就是企业产品的最终消费者。　　　　　　　　　　（　　　）

2. 只有大企业才需要实施客户关系管理。　　　　　　　　　　　　（　　　）

三、思考题

1. 智能客户服务与管理的意义体现在哪些方面？

2. 客户关系管理的研究内容是什么？

3. 客户关系管理包括哪些流程和环节？

4. 我们应该如何正确看待客户关系管理？

5. 智能客服与管理整体技术架构都有哪些层面？

6. 请简述客户生命周期 4 个阶段。

7. 请简述什么是 RFM 分析法。

 **案例分析**

小米公司打造客户优质体验

一、客户识别方面

小米公司通过多种渠道收集客户信息。一方面，利用其官方网站、线下小米之家门店等直接渠道，收集客户在购买产品、咨询服务等过程中留下的信息。另一方面，通过购买专业咨询公司的报告、与第三方合作等间接渠道获取市场和客户信息。例如，小米在推出手机之前，先做了安卓深化系统 MIUI，通过系统的客户使用数据和反馈，提前了解全球百万客户的需求和行为习惯，为后续手机产品的研发和市场定位提供了有力依据。

二、客户区分方面

小米公司将目标客户主要定位于"手机发烧友"、年轻人和科技爱好者。通过 ABC 分析法、RFM 分析法、CLV 分析法等方法对客户价值、潜力、生命周期和需求进行分析，区分出不同类型的客户。针对不同客户群体，小米采取了不同的营销策略和产品服务方式。例如，一方面，与各通信运营商合作推行定制机，满足对套餐服务有需求的客户；另一方面，通过网络销售平台，为追求高性价比、喜欢线上购物的年轻客户提供便捷的购买渠道。

三、客户互动方面

线上互动：小米利用官方论坛社区、客服微博等网络工具，与客户进行及时互动。客户可以在这些平台上反馈问题、提出建议，小米会在第一时间接收信息并回复解决。此外，小米还会在社交媒体平台上发布新品信息、活动公告等，通过回复评论和私信与客户保持密切沟通。

线下互动：小米会不定期举办小米同城会，为当地的客户提供交流和体验产品的机会。小米还通过赞助商业活动与大型体育赛事，传递品牌理念和维护品牌形象，从而接近现有客户，发掘潜在客户。

四、客户定制服务方面

小米根据客户需求调研分析，开发出多种不同版本的手机，以满足不同客户对手机配置、价格等方面的个性化需求。同时，小米的 MIUI 系统支持客户进行个性化设置和刷机-OTA 升级，让客户可以根据自己的喜好和使用习惯来定制手机系统功能。

五、提高客户满意度和忠诚度方面

服务质量与效果：小米设置了 24 小时电话客服、小米之家等多种服务方式，为客户提供便捷快速的服务，其服务速度和态度得到了大部分客户的认可。

会员与积分体系：小米推出会员制度，根据客户的消费金额和活跃度等因素划分会员等级，提供不同的权益和优惠。同时设立积分体系，客户在购买产品、参与活动等过程中可以获得积分，积分可用于兑换礼品、优惠券等，促进客户持续消费。

情感维系：小米通过举办各种互动活动，如微博抽奖、小米设计大赛等，持续刺激客户，给客户带来超值体验。

现如今，想要在激烈的市场竞争中留住客户，除了需要凭借企业自身的品牌知名度和产品价值外，通过提升客户体验来强化客户关系也变得越来越重要。

【思考与讨论】

1. 小米公司在客户服务过程中比较注重哪几个方面？
2. 小米公司的客户服务案例对你有哪些启示？

项目实训

【实训内容】

小张的摄影工作室为了做好客户服务与管理，准备设置智能客户服务与管理相关岗位。那么，智能客户服务与管理相关岗位的岗位职责是什么，有哪些任职要求？如何成为一名合格的智能客户服务与管理人才呢？接下来，我们就来一起探讨这些问题，完成以下实训任务。

（1）5~6人一组，小组内自行分配任务。进入前程无忧、智联招聘、BOSS 直聘、中华英才网等招聘网站，通过查找资料，了解智能客户服务与管理相关岗位的招聘情况和职业前景。

注意：至少查找 5 个不同的智能客户服务与管理相关岗位的招聘情况，完成表 1-1。

表 1-1　不同的智能客户服务与管理相关岗位的招聘情况

序号	岗位名称	平均薪资	所在城市	岗位职责	任职要求
1					
2					
3					
4					
5					

（2）通过以上调查，总结智能客户服务与管理相关岗位需要掌握哪些技能，依次列出来。

（3）通过以上调查，确定自己未来在智能客户服务与管理方面的发展方向，包括具体的城市、企业类型、岗位名称，并按照任职要求，制定未来 3 年的发展规划。

【实训评价】

任务完成后以 PPT 形式进行课堂展示，班级进行小组自评、小组互评和教师评价。实训评价表如表 1-2 所示。

表 1-2　实训评价表

评价标准	小组自评（30%）	小组互评（30%）	教师评价（40%）
能够按照实训要求完成所有实训任务（15 分）			
岗位调查全面、完整（15 分）			
分析全面、深刻（15 分）			
发展规划制定详细、有可行性（20 分）			
达到团队协作、职业规范与职业素养目标（20 分）			
课堂展示清晰、全面、准确、流畅（15 分）			

拓展延伸

【拓展 1-1】

查看配套资源中的知识拓展，概括你学习的要点。

_____

_____

_____

知识拓展

营销漏斗

【拓展 1-2】

查看配套资源中的知识拓展，谈谈你对人工智能的看法。

_____

_____

_____

知识拓展

人工智能

智能管理篇

项目二

客户选择

多彩知识树

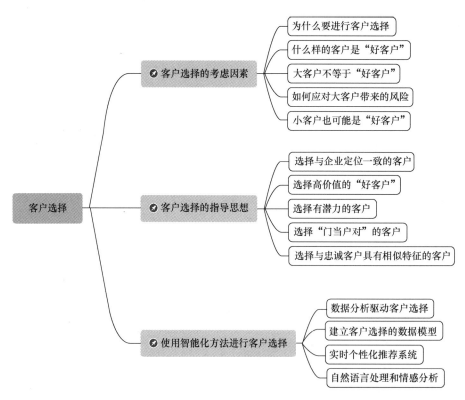

		为什么要进行客户选择
客户选择	客户选择的考虑因素	什么样的客户是"好客户"
		大客户不等于"好客户"
		如何应对大客户带来的风险
		小客户也可能是"好客户"
	客户选择的指导思想	选择与企业定位一致的客户
		选择高价值的"好客户"
		选择有潜力的客户
		选择"门当户对"的客户
		选择与忠诚客户具有相似特征的客户
	使用智能化方法进行客户选择	数据分析驱动客户选择
		建立客户选择的数据模型
		实时个性化推荐系统
		自然语言处理和情感分析

课前小故事

你找对客户了吗

25岁的李芳（化名）不仅长得漂亮，处事大方得体，而且待人真诚热情。刚刚晋升为公司经理的她，对保险行业抱有无数美好的憧憬。

她的朋友介绍一个客户给她，这个客户特别想买保险。但是客户想要这笔保单的全部佣金。碍于朋友情面，她还是咬牙做了，并把佣金全额给了客户。几个月后，客户在等待期结束后就立即申请理赔。公司进行调查后发现，该客户在投保前已经在某医院确诊疾病，属于带病投保，在健康告知时却故意隐瞒不报，因此不能予以理赔。

客户非常生气，不仅到公司大闹，还向相关部门投诉李芳返佣。客户不承认自己签过字，还说李芳都没问他过往病史，也没有要求健康告知。

年纪轻轻的李芳遭受此种打击，不仅面临公司的追责，还要承受其他不明真相的人的指责，不堪重负的她只能离开这个她深爱的行业，走得毫无尊严。一个客户就毁了她的职业生涯，前期所有的努力都因此事化成泡影。

市场上有很多潜在客户，但并非所有人都可以成为有效客户。从业者要把精力、耐心与热情，奉献给尊重你、相信你的客户。而对那些固执己见、始终不认可你的工作的人，想快速地改变他们的想法绝非易事。

我们无法预知风险何时会发生，但我们可以学会说不，学会选择客户，就是善待自己。

学习目标

> **知识目标**

1. 熟悉并掌握客户选择的考虑因素。
2. 理解并掌握客户选择的指导思想。
3. 熟悉用于客户选择的智能化方法。

> **能力目标**

1. 能够建立对客户选择的正确认知。
2. 能够正确看待与选择客户。
3. 能够正确认识与应对大客户带来的风险。
4. 能够使用智能化方法进行客户选择。

素养目标

1. 培养成本意识，理解选择与努力同样重要。
2. 培养尊重客户的意识与实事求是的客户选择观念。
3. 树立面对劣质客户时自尊自强、独立自主、勇敢表达的人生态度。
4. 建立抓核心、抓本质、抓主要矛盾的哲学思想。

任务一　客户选择的考虑因素

情景任务

在上一项目中小张已经对智能客户服务与管理有了基础的了解，但是在公司正式开发客户之前还要进行客户选择。那么，为什么要先进行客户选择呢？到底应该选择什么样的客户呢？在本任务中，小张将跟随大家一起来探寻答案。

本任务点目标：理解为什么要进行客户选择；

掌握什么样的客户是"好客户"；

能够正确看待与选择客户；

能够正确认识与应对大客户带来的风险。

一、为什么要进行客户选择

（一）不是所有的消费者都是企业的客户

营销管理专家菲利普·科特勒说："在营销上最大的错误是试图去取悦所有人。"

首先，由于客户购买行为的多元化，客户需求呈现出差异化。例如，同样是买车，有人对象征身份地位的豪车有很大需求，有人钟情于安全性高的汽车，而有人对高性价比的车更感兴趣。其次，企业每增加一个客户都需要占用一定的资源，然而企业资源是有限的，这就决定了企业不可能生产所有产品满足所有客户的需求。最后，竞争者的客观存在也导致任何一家企业都不可能为所有的客户提供产品或服务。

因此，由于需求的差异性、企业资源的有限性及竞争者的客观存在，市场中只有一部分人能成为企业产品或服务的实际购买者（即客户），其余人则是非客户。在那些不愿意购买或者没有购买能力的非客户身上浪费时间、精力和金钱，将有损企业利益。企业要做好市场调研，进行产品定位和市场细分，准确选择属于自己的目标客户并为其提供个性化服务，避免在非客户身上花费成本，从而减少企业资源浪费。

课堂案例

查看配套资源中的课堂案例，回答以下问题。

1. 碧波花园的问题到底出在哪儿？
2. 碧波花园的案例对我们有何启示？

_____

_____

_____

课堂案例

别让无效客户分流
广告费

（二）不是所有的客户都能给企业带来利润

"客户就是上帝""客户永远是对的""客户越多越好"这些说法在一定条件下可以体现客户的重要性。但这并不意味着可以无限夸大客户的作用和他们带来的价值。

事实上，并非每个客户都能为企业带来利益和价值。一些客户可能是"麻烦制造者"，他们可能会侮辱员工、骚扰其他客户、扰乱商业氛围、提出不合理要求，甚至会给企业带来信用风险、资本风险、违约风险等风险，影响企业正常运营。

因此，企业不仅要重视客户数量，更要重视客户质量，选择合适的客户，加强对劣质客户的辨识能力，在一开始就将劣质客户剔除。

（三）正确选择客户有利于实现客户开发与客户忠诚

如果一开始就选对了目标客户，那么企业发展就会事半功倍，开发客户与维护客户的成本就会降低，实现客户满意与忠诚的可能性也会增加。反之，如果一开始就选错了客户，那么客户的开发难度就会加大，开发成本也会提高。即使勉强开发成功，后期维持客户关系的难度也比较大，维护成本也比较高。企业力不从心，很难为客户提供满意的产品和服务，进而导致客户的满意度与忠诚度都下降。

例如，一些小企业忽视了对自身的分析与定位，没有采取适合自身发展的战略，而是盲目进攻，与大企业直接争夺大客户，之后却没有能力为大客户提供相应的服务，使大客户不满，最终不仅错过了小客户，也造成了大客户流失，使自身陷入被动的局面。

（四）没有选择客户可能造成企业定位与形象模糊

客户之间是有差异的。企业如果没有选择客户，就不能为确定的目标客户开发恰当的产品或者提供恰当的服务。此外，形形色色的客户共存于同一家企业，可能会造成企业定位混乱或定位不足，从而导致客户对企业形象产生混乱或模糊不清的印象。相反，如果企业主动选择特定的客户，明确客户定位，就能够树立鲜明的企业形象。

（五）正确选择客户能够增强企业盈利能力

选择正确的客户能增强企业的盈利能力，这是因为只有正确选择客户才能实现客户稳定。符合一系列的限制条件（如规模、资金实力、信誉、管理水平、技术实力）而被选择的客户会珍惜与企业的合作机会，企业也清楚这些客户是自己真正需要的客户，是企业的重要资源和财富。企业会为这些客户提供满意的产品或服务，并且不断地满足这些客户的特定需求；而客户也会持续、稳定地购买企业的产品或服务，提高购买频率和购买量，降低价格敏感度，对企业忠诚。对企业来说，稳定的客户有利于降低宣传成本与交易成本，最终为企业带来长期、稳定、高额的回报。

因此，企业在选择客户时务必慎重。要区分哪些客户能为企业带来盈利，然后根据自身的资源和客户的价值选择那些能为企业带来盈利的客户作为目标客户，并且从源头上减少或者杜绝与劣质客户交往，不把他们列为开发对象。

 谈一谈

某销售公司有位销售员遇到了一个非常难开发的客户，他多次上门拜访都没有达成合作，但是该销售员不放弃坚持了整整三年，最终赢得了客户。客户感叹道："是你的坚持打动了我。"最后销售员也获得了同事的掌声。

请问，你认为以上销售员的做法值得称赞吗？请结合本任务知识谈谈你对以上做法的看法。

_____

_____

目标客户是企业在市场细分的基础上，对各细分客户群的盈利水平、需求潜力、发展趋势等情况进行分析、研究和预测，最后根据自身状况、市场状况及竞争状况，集中力量选择和确定的一个或几个细分客户群。

企业选择目标客户时要尽量选择"好客户"，那么，什么样的客户是"好客户"呢？

二、什么样的客户是"好客户"

"好客户"指的是本身素质高，对企业贡献大，企业为其提供产品或服务所花费的成本低、风险小的客户。"好客户"的基础条件是能够给企业带来盈利。

一般来说，"好客户"通常要满足以下几个方面的条件。

（1）购买欲望强烈、购买力强。"好客户"有足够大的需求量来吸收企业提供的产品或者服务，特别是对企业的高利润产品的采购数量多。

（2）能够让企业获利。"好客户"对价格的敏感度低，付款及时，有良好的信誉——信誉是合作的基础，能让企业获利。

（3）服务成本较低。这里的服务成本是相对客户价值而言的。例如，一个大客户的服务成本是 200 元，大客户为企业带来的净收益是 10 万元，这 200 元的服务成本就显得微不足道了；而一个小客户的服务成本是 10 元，小客户为企业带来的净收益只有 20 元，虽然 10 元的服务成本比 200 元少了很多，但相对服务成本却高了很多。

（4）经营风险小，有良好的发展前景。客户的经营现状是否正常、是否具有成长性、是否具有核心竞争力、经营手段是否灵活、管理是否有章法、资金实力是否足够强大、分销能力是否强大、与下家的合作关系是否良好，以及国家的支持状况、法律条文的限制情况等都对客户的经营风险有很大的影响。企业只有对客户的发展背景与前景进行全面、客观的分析，才能对客户有准确的判断。

（5）愿意与企业建立长期的伙伴关系。"好客户"能够正确处理与企业的关系，合作意愿强、忠诚度高，通过友善地提出新的要求，引导企业优化现有的产品或服务，从而提高企业的服务水平。

总之，"好客户"是能给企业带来尽可能多的利润，而占用尽可能少的资源的客户。

 想一想

　　了解了什么是"好客户"后，请你思考一下什么样的客户是"坏客户"。请结合本任务知识列出"坏客户"的属性。

_____

_____

需要注意，"好客户"与"坏客户"是相对而言的，他们在具备一定的条件后有可能相互转化，因此，不要认为客户一时好就会永远好，企业要用动态的眼光来评价客户的好与坏。企业要及时全面地掌握、了解与追踪客户的动态，如客户的资金周转情况、资产负债情况、利润分配情况，避免"好客户"变成"坏客户"。

三、大客户不等于"好客户"

通常，购买量大的客户被称为大客户，购买量小的则为小客户。服务大客户可以形成形象效应、规模效应等，因此通常大客户被企业视为关键客户、重点客户或战略性客户。然而，"店大欺客，客大欺店"，大客户不等于"好客户"。企业如果认为所有的大客户都是"好客户"，而不惜一切代价争夺和维系大客户，就会陷入误区，承担一定的风险。以下便是大客户容易导致的企业风险。

（一）过度依赖风险

一般而言，客户采购规模越大，客户集中度越高，合作风险也就越大。当大客户有需求时，企业只能尽力去满足。当企业把精力、能力与资源向大客户过度倾斜时，就会面临过度依赖大客户的风险。尤其是对大客户的依赖度过高时，风险就会显现，企业甚至会被"绑架"，在市场上就可能缺乏竞争力。企业与大客户合作可遵循一定标准，如限定对单个客户的销售量，以企业总销售量的25%为警戒指标。另外，还可考虑技术依存度、生产依存度、利润依存度等指标。例如，当企业对外技术依存度低于5%则处于比较封闭的状态，超过30%则容易产生对外技术依赖。

（二）财务风险

大客户会要求赊销，这就容易使企业产生大量的应收账款，而较长的账期可能会给企业经营带来资金风险，因而大客户往往也容易成为"欠款大户"，甚至使企业面临呆账、坏账、死账的风险，进而影响企业资金运营。

（三）利润风险

客户越大，其所期望获得的利益也大，某些大客户还会凭借其强大的买方优势和砍价能力，或利用自身的其他特殊优势与企业讨价还价，向企业提出诸如价格折扣、提供超值服务甚至无偿占用资金等方面的要求。因此，这些订单量大的客户可能不但没有给企业带来大的价值和预期的盈利，反而降低了企业的获利水平，使企业陷于被动局面。

例如，大型零售商通过收取进场费、赞助费、广告费、专营费、促销费、上架费等费用，使企业（供应商或生产商）的资金压力增大，增加了企业的利润风险。

（四）外部管理风险

大客户的下游市场及大客户的运营与管理方面也会存在风险。通常，合作伙伴之间是"一荣俱荣，一损俱损"的关系，如果大客户下游市场萎缩甚至崩盘，那么供应链上游的成员可能会像多米诺骨牌一样逐张倒下。此外，大客户的运营与管理能力也会影响上游供应商的经营绩效。

另外，大客户可能会滥用其强大的市场运作能力，扰乱市场秩序，如私自提价或降价等，给上游企业的正常管理造成负面影响，尤其会对上游小企业的生存构成威胁。

（五）流失风险

激烈的市场竞争往往使大客户成为众多企业尽力争夺的对象，大客户因此很容易被利诱而流失。市场中产品或者服务日趋同质化，品牌之间的差异越来越小，大客户选择新的合作伙伴的风险也在不断降低。

另外，很多大客户为了在应对市场不确定性中获取主动权与话语权，常常把合同期压缩至1~2年。这样可以根据供应市场随时调整采购规模、策略与条件，不必被一纸合同捆住手脚。因此大客户在遇到更具有优势的采购资源时，很容易"调转船头"。但是，上游企业却会因此而遭罪：为了服务好大客户而扩大产能、改善服务、增加人员，很容易成为大客户"调转船头"、转项或压缩采购规模、设置苛刻采购条件的受害者，产生利润损失。

（六）商业腐败风险

企业为达到大客户的采购门槛，或尽可能排挤竞争对手并最大化挤占客户份额，可能采取商业贿赂的手段，向大客户采购决策团队成员行贿。这种行为不但会使企业形象、品牌商誉受损，导致与大客户之间的合作无法达成，还可能给社会经济带来不利影响。

（七）竞争风险

大客户往往拥有强大的实力，容易采取纵向一体化战略，另起炉灶，生产与企业相同的产品。结果企业不仅流失了大客户，而且增加了强劲的竞争对手。

可见，大客户未必都是"好客户"，为企业带来最大利润和价值的通常并不是购买量最大的客户。此外，团购客户也未必都是"好客户"，因为团购客户未必忠于企业，例如，在团购礼品时，团队客户可能追求时尚，流行什么就买什么，而不能够持续、恒久地为企业创造利润。

课堂案例

查看配套资源中的课堂案例，谈谈你对案例的看法。

课堂案例

_____

_____

_____

谨防"大客户陷阱"

四、如何应对大客户带来的风险

虽说大客户带来的风险难以控制，但企业与大客户的合作不能因噎废食，而要采取积极的措施来减少对大客户的依赖。

企业欲减少对大客户的依赖，可考虑下述六大方法。

（一）新产品调整法

很多企业经营业务领域狭窄，品牌单一、品类单一，甚至品项单一，这会导致客户行业结构单一，即主要依靠大客户销售。如此一来，大客户所在行业景气度对企业的影响极大，行业不景气时会严重拖累企业。

所以，企业进行产品线扩张是分散风险的有效措施。一方面，新产品可以面向新市场、新客户、新渠道，成为企业新的销售增长点与销售利润源。另一方面，通过产品线扩张降低经营风险，有利于摆脱大客户的操控、打压。

产品线扩张可能涉及 3 种情况。首先，产品线衍生，即企业开创新品类来分担单一产品线的经营风险，其本质是多元化经营。其次，产品线延伸，即通过定位延伸，引入新产品，提升产品线深度，如从低端产品向中、高端产品延伸或者从中、高端产品向低端产品延伸。最后，产品线补充，即针对某一品类市场进行细分，然后针对空白的细分市场推出新产品，使产品线更加完整。

现在越来越多的企业从单品化经营转向多品类、系列化经营，如小米、格力、海尔、华为都已经转向多元化经营。

（二）新客户开发法

如果企业下游大客户市场为单一行业，一旦发生产业性危机、行业性萧条或者局部性社会危机，企业就可能面临灾难性甚至毁灭性的打击。因此，企业开发多行业客户非常有必要。服务多个行业的客户，即使客户遇到危机也不至于同时波及多个行业而导致企业下游市场整体不景气或全面衰退。

基于特定产品，企业可以通过开发新客户来增加产品销售额，从而降低大客户的采购规模占总体销售规模的比重，进而降低大客户的综合影响力与合作过程中的话语权。当采购规模与总体销售规模的比重在20%以上时，大客户的不确定风险为不可控状态；当这个比重控制在20%及以内时，大客户的不确定风险为可控状态。

（三）新渠道拓展法

企业除了面向商业组织型客户销售，还要拓展商业零售市场，从而在市场上建立另一根基。商业零售市场常常为售后市场，市场潜力巨大，且市场份额相当可观。

例如，汽车销售后产生的市场空间称为"汽车后市场"，即汽车销售及围绕汽车售后使用过程中的需要和服务而产生的一系列交易活动的总称，如汽车维修、保养、服务及所需的零配件、用品和材料销售等。随着中国家庭汽车保有量及增长速度的提高，国内汽车售后服务市场潜力巨大。4S 店存在着服务价格高、价格不透明、诱导消费、排队等候时间长、距离家远等劣势。这促使消费者开始选择其他汽车维修方式。因此，越来越多的业内外资本开始进入汽车售后服务市场。

> **课堂案例**
>
> 查看配套资源中的课堂案例，谈谈你对案例的看法。
>
> ＿＿＿＿＿＿＿＿＿＿＿＿＿＿＿＿＿＿＿＿＿＿＿＿＿＿＿＿＿
>
> ＿＿＿＿＿＿＿＿＿＿＿＿＿＿＿＿＿＿＿＿＿＿＿＿＿＿＿＿＿
>
> ＿＿＿＿＿＿＿＿＿＿＿＿＿＿＿＿＿＿＿＿＿＿＿＿＿＿＿＿＿
>
> 课堂案例
>
> 轮胎巨头进军售后市场

（四）资本融合法

企业向大客户投资或吸引大客户对企业投资，或者双向持股，可以有效增强合作的稳定性，对防止大客户流失具有很强的稳定作用。

格力空调在初创期，由于无法忍受家电连锁大卖场凭借较强话语权扰乱市场秩序、损害格力品牌形象，毅然走上了自建渠道之路。格力以股份制形式组建的合资销售公司，由格力控股，各商家（大经销商）联合组建，向格力空调总部承担一定数量的销售计划并同总部结算价格。通过在终端模式下主推专卖模式，合资销售公司的销售贡献达到了80%，在当时取得了一定成效。

（五）模式对接法

从商业模式的角度看，营销的本质是以独特的商业价值嵌入客户价值链的关键环节从而获利。企业要选择合适的模式，建立并固化企业与大客户的合作关系。例如，某企业在初创期在低成长的医药批发行业获得了巨大成功，原因在于它建立了与同行业中的其他企业不同的商业模式。别的企业只是给医院送货，而这家企业挖掘出医院在产品之外更迫切的需求，从给医院送货转向"成为医院的医院"，最终从医药企业与医院之间的搬运工变成整个产业链的重要一环。

（六）协同发展法

企业与大客户之间是相互依赖、共荣共生的关系。因此，企业可以立足自身的整体素质、资源能力与竞争优势，引领大客户产品创新与商业变革，从而实现帮助客户成长并与客户共同成长的目的。这种合作可有效改变企业对大客户的被动依赖关系，变"互分你我"为"不分你我"，通过互动合作实现价值共享并共赴成功。

五、小客户也可能是"好客户"

企业要根据客户终身价值来衡量什么是"好客户"。选择客户不能只追求眼前利益，不顾及长远利益，图大弃小。事实上，小客户不等于劣质客户。过分强调当前客户给企业带来的利润，盲目抛弃小客户，结果可能会忽视小客户的合作潜力。现在的"好客户"也经历过从小到大的发展过程，小客户也有可能是"好客户"。

因此，企业对客户的评价要动态科学，对于一些目前是"小"客户但未来发展潜力很大的客户，企业可以提供资源支持并帮助它们成长。例如，国美电器、阿里巴巴、百度等企业都是从有潜力的小企业发展起来的。

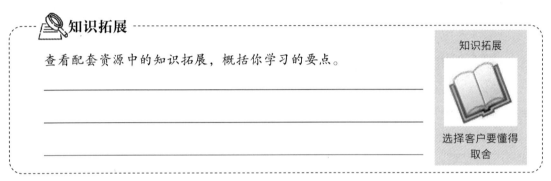

🔍 知识拓展

查看配套资源中的知识拓展，概括你学习的要点。

_____

_____

_____

知识拓展

选择客户要懂得取舍

⚫ 任务二 客户选择的指导思想

📖 情景任务

在上一任务中小张了解了"好客户"的标准，知晓了选择"好客户"时的误区。那么我们应该如何识别与选择"好客户"？选择"好客户"有哪些具体指导思想呢？

本任务点目标：掌握客户选择的指导思想；

能够利用理论知识正确选择客户。

当企业的战略定位和客户定位确定以后，企业就应当考虑如何选择目标客户，企业选择目标客户的指导思想如下。

一、选择与企业定位一致的客户

企业选择目标客户要从实际出发，要根据企业自身的定位和目标来选择经营对象，确保选择的客户与企业定位一致。例如，小米公司产品具有时尚、年轻化、科技感强、性价比高等特点，因此，小米公司选择年轻（18～35岁）、高学历、痴迷信息技术、喜欢从网络获取知识、容易接受新事物、有消费主见的网络用户作为自己的目标客户。美国西南航空公司将目标客户定位为对票价敏感的客户，因此该公司主要从事短途运输业务，简化航空服务，不设商务舱和头等舱。小红书是一款年轻化的社区软件，致力于帮助国内对生活品质有要求的"85后""90后"用户找到他们想要的好物。因此，小红书的客户以中高消费能力的年轻（25~34岁）女性为主，她们处于事业稳定期，购买能力强、消费欲望强、追求优质的生活。

> **课堂案例**
>
> 查看配套资源中的课堂案例，谈谈案例对你的启示。
>
> _____
>
> _____
>
> _____
>
> 课堂案例
>
> Keep 初期的客户选择

二、选择高价值的"好客户"

既然我们已经知道，客户有"好坏之分"，那么，企业就应当选择"好客户"来经营，这样才能够给企业带来盈利。

例如，猫眼电影选择的"好客户"是会去电影院的人，即"大众电影消费者"。这个群体去电影院观影的频率很高，但并非为了单纯消遣，而是有自己的明确喜好，他们热爱电影，对电影理解深刻。由于到电影院看电影本身是一个线下活动，因此这个群体具有地域属性，喜欢线下活动。猫眼电影选择这类客户就是希望将猫眼电影对客户的需求和客户特征结合，寻找一批优质客户——愿意分享影评、认可猫眼电影的人，通过在各地组织活动，达到对产品的传播作用。

三、选择有潜力的客户

企业选择客户时，不应局限于客户当前对企业利润的贡献，而要用动态的眼光，从客户的成长性、增长潜力、信誉及长期价值上判断和选择客户。

对于当前利润贡献低，但是有潜力的小客户，企业要善于发现、果断选择、积极提供援助、给予重点支持和培养，甚至可以考虑与管理咨询公司合作，提高有潜力的小客户的"品质"。如此，客户与企业处在同一条价值链上，根本利益是一致的，支持客户在很大程度上是支持自己。有潜力的小客户在企业的关照下成长壮大后，对企业的产品或服务的需求也将随之膨胀，而且它们会对培养它们的企业有更深的情感和更高的忠诚度。如今，几乎所有优质客户都被各大企业瓜分殆尽，支持小客户成长显然是培养优质客户的好方法。

例如，面对市场变化，华为通过构建集团和省分公司的组织客户关系，在一些创新领域做长期嵌入式服务，与客户形成"你中有我，我中有你"的关系。为了实现共赢，华为开始在新业务领域与运营商通过合营模式，共同承担尝试业务创新的风险。这是典型的华为帮助客户在新领域里成功的案例。

四、选择"门当户对"的客户

现实中，有些企业只注重于服务大客户，动辄宣称自己可以满足大客户的任何要求。然而，由于双方实力悬殊，选择的大客户却不容易开发；即使勉强开发成功，也会吃力不讨好。企业只能降低标准或放松制衡，委曲求全，甚至接受大客户提出的苛刻条件，或者放弃管理的主动权，不仅服务成本很高，而且企业对大客户的潜在风险也无法有效控制，结果出现大客户风险。因此，这样的大客户不可"高攀"。

另外，"高级别"企业如果选择"低级别"客户往往也会吃力不讨好——双方的关注点"错位"，会造成双方不同步、不协调、不融洽，结果可能是不欢而散。

总之，客户并非越大越好，当然也并非越小越好，合理的客企关系是双方的实力和规模相互匹配。企业要找到"门当户对"的客户，可以分三步走。

第一步，企业要判断目标客户是否有足够的吸引力，是否有较高的综合价值，是否能为企业带来高收益，具体可以从以下几个方面进行分析。

（1）客户向企业购买产品或者服务的总金额。

（2）客户扩大需求而产生的增量购买和交叉购买等。

（3）客户的无形价值，包括规模效应价值、口碑价值和信息价值等。

（4）企业为客户提供产品或者服务需要耗费的总成本。

（5）客户为企业带来的风险，如信用风险、资金风险、违约风险等。

第二步，企业需要衡量自己是否有足够的综合能力去满足目标客户的需求。

对企业综合能力的分析不应该仅从企业自身的角度进行，还应该从客户的角度进行。可以通过客户让渡价值来衡量企业的综合能力，即企业能够为目标客户提供的产品价值、服务价值、人员价值及形象价值之和减去目标客户需要消耗的货币成本、时间成本、精力成本、体力成本。

第三步，寻找客户的综合价值与企业的综合能力两者的结合点。企业应将价值足够大、值得企业开发维护的，同时企业也有能力去开发和维护的客户，作为企业的目标客户。"门当户对"矩阵如图 2-1 所示。

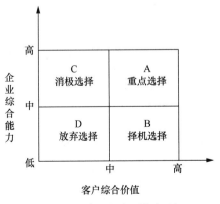

图 2-1 "门当户对"矩阵

A 区域客户是企业应该重点选择的目标客户。该区域客户的综合价值较高，同时企业对客户服务的综合能力也较高，能够满足客户需求。因此，A 区域客户值得企业花费大量的资源去争取和维护。

B 区域客户是企业应该择机选择的客户。因为该区域客户的综合价值虽然比较高，但企业对该区域客户服务的综合能力有限，很难为客户提供满意的产品或服务。企业开发客户时，将会面临很大的困难，即使开发成功了，综合能力有限也会导致力不从心。因此 B 区域客户属于当企业服务的综合能力提高时可以选择的客户。

C 区域客户是企业应该消极选择的客户。因为尽管企业对其服务的综合能力较高，但是该区域客户的综合价值有限，企业很可能在该区域客户上得不到多少利润，甚至还可能消耗企业的部分利润。

D 区域客户是企业应该放弃选择的客户。因为，一方面，该区域客户的综合价值较低，很难给企业带来利润，如果企业将过多的资源投入该区域客户，会得不偿失，甚至吞噬企业的利润；另一方面，企业也很难为该区域客户提供长期的具有较高让渡价值的产品或服务。

📚 课堂案例

查看配套资源中的课堂案例，谈谈你对案例的看法。

_____

_____

_____

课堂案例

屈臣氏如何选准
目标客户

五、选择与忠诚客户具有相似特征的客户

事实上，没有企业能够满足所有客户的需求，但是，可能会有客户因为觉得企业提供的产品或服务比竞争对手的更好、更加"物有所值"而对企业忠诚，这既说明企业的特定优势能够满足这类客户的需求，同时也说明他们是企业容易建立关系和维持关系的客户。

因此，企业应选择与忠诚客户具有相似特征的客户。实践证明，开发和维系这样的客户相对容易，而且他们能够给企业不断地带来稳定的收益。

📚 课堂案例

查看配套资源中的课堂案例，谈谈你对案例的看法。

_____

_____

_____

课堂案例

哔哩哔哩的电商
客户选择

任务三　使用智能化方法进行客户选择

情景任务

在上一任务中小张了解了客户选择的指导思想。那么，在人工智能时代，我们应该如何利用智能化方法进行客户选择，以达到事半功倍的效果呢？在本任务中，我们将一起来了解一下有哪些用于客户选择的智能化方法。

本任务点目标：掌握用于客户选择的智能化方法；
　　　　　　　能够利用智能化方法正确识别与选择客户。

在当今竞争激烈的商业环境中，企业越来越重视客户选择。而随着技术的不断发展和智能化水平的提高，智能化客户选择成为企业获取和留住优质客户的关键策略之一。接下来将探讨用于客户选择的智能化方法。

一、数据分析驱动客户选择

在客户数据分析技术中，Excel 是一种简单常用的数据管理工具。Excel 数据分析中的数据包括客户的基本信息、交易记录、购买偏好等，可以为客户选择提供必要的数据基础。此外，通过使用 Excel 制作各种图表，企业可以清晰地了解客户的特征和行为模式，发现潜在的客户群体和趋势，从而为客户选择提供依据。通过使用 Excel 进行基础统计分析，如计算平均值、中位数、标准差等，企业可以准确地了解不同客户群体的特征和行为，从而为客户选择制定相应的策略。企业可以根据客户的价值和潜力等指标使用 Excel 进行决策支持和优先级排序，从而有效地选择优质客户。企业还可以进一步采用数据挖掘、机器学习算法和人工智能等高级技术，更深入地挖掘数据背后的信息，从而做出更准确的客户选择决策。

二、建立客户选择的数据模型

建立客户选择的数据模型是智能化客户选择过程中的关键一步。这类模型可以帮助企业有效地识别和优先处理具有潜在价值的客户，从而提高客户满意度和营销效率。具体方法如下。

首先，选择合适的数据指标。RFM 分析法是一种简单而有效的客户价值分析方法，它根据客户的最近一次购买时间、购买频率和购买金额等指标来评估客户的价值和潜力。例如，根据每个客户最近一次购买时间与计算时的间隔，将客户分为不同的组别，如最近一次购买时间在 30 天以内、31～60 天、61～90 天等；根据每个客户在一段时间内的购买次数，将客户分为不同的组别，如购买次数在 1 次以下、2～3 次、4～5 次等；或者计算每个客户在一段时间内的购买金额，将客户分为不同的组别，如购买金额在 100 元以下、101～500 元、501～1000 元等。

其次，建立模型算法。RFM 分析法是智能化客户选择的一种基本方法，但随着技术的发展，还有许多更复杂的模型算法可供选择。例如，预测分析模型是预测客户未来行为和需求的关键技术，企业可以用此模型预测客户未来的购买意向和流失风险等，进而做出更准确和及时的决策；机器学习算法是智能化客户选择中的核心技术之一，了解不同的机器学习算法及它们的应用场景是非常重要的，企业可以利用机器学习算法挖掘客户数据的潜在规律和模式，实现精确的客户选择。

最后，进行模型的评估与优化。对建立的模型进行评估和优化可以确保模型的准确性和稳定性。可以使用准确率、精确率、召回率等评价指标来评估模型性能，然后根据评估结果对模型进行调整优化，提高模型的预测能力和泛化能力。

三、实时个性化推荐系统

推荐算法是实现客户个性化选择的关键。了解不同的推荐算法及它们的优缺点非常重要。新手可以先从最基础的算法开始学习，如基于内容的推荐算法和协同过滤推荐算法等。

此外，学习如何构建实时个性化推荐系统非常有用。这涉及数据的实时处理、推荐算法的实现及系统性能的优化等方面。新手可以通过学习相关的技术和工具，如 Python 编程语言和推荐系统框架，来逐步掌握相应技能。

四、自然语言处理和情感分析

自然语言处理是处理客户生成的文本数据的重要技术。了解如何处理和分析文本数据及提取其中的信息非常关键。新手可以先学习一些基础的文本处理技术，如分词、词频统计和文本分类等。

情感分析是识别文本中情感信息的技术。情感分析有助于更好地理解客户的喜好和情感状态。新手可以从简单的情感词典方法开始学习，逐步掌握更复杂的情感分析算法和技术。

总之，智能化方法在客户选择方面具有很多优势，如提高客户满意度、增加销售额和降低市场营销成本等。了解这些优势可以帮助我们更好地理解智能化客户选择的重要性和价值。同时，使用智能化方法进行客户选择也面临着一些挑战，如数据质量不佳、算法选择困难和技术实现复杂等。了解这些挑战可以帮助我们更好地准备和应对智能化客户选择的工作。

技能测试

一、不定项选择题

1. 企业必须选择客户是因为（　　　）。
   A. 不是所有的消费者都会是企业的客户
   B. 不是所有的客户都能给企业带来收益
   C. 不加选择地建立客户关系可能造成企业定位的模糊不清
   D. 选择正确的客户能增强企业的盈利能力

2. 企业选对、选准了客户，那么（　　　）客户关系的可能性就相对大，成本也相对低。
   A. 开发　　　　　B. 提升　　　　　C. 维护　　　　　D. 挽救

3. 客户选择的指导思想是（ 　　 ）。

    A. 选择与企业定位一致的客户 　　　　　 B. 选择有潜力的客户

    C. 选择"门当户对"的客户 　　　　　　 D. 选择高价值"好客户"

4. 大客户带来的风险包括（ 　　 ）。

    A. 财务风险 　　　　 B. 利润风险 　　　　 C. 管理风险 　　　　 D. 竞争风险

二、判断题

1. 有些客户是劣质客户。 　　　　　　　　　　　　　　　　　　　　（ 　　 ）

2. 企业可把所有的购买者都视为自己的客户。 　　　　　　　　　　　（ 　　 ）

3. 客户之间存在差异，有好坏之分。 　　　　　　　　　　　　　　　（ 　　 ）

4. "好客户"与"坏客户"是相对而言的，只要具备一定的条件，他们之间是有可能相互转化的。 　　　　　　　　　　　　　　　　　　　　　　　　　　　（ 　　 ）

5. 正确识别客户是成功开发客户的前提。 　　　　　　　　　　　　　（ 　　 ）

三、思考题

1. 企业为什么要选择客户？

2. 什么样的客户是"好客户"？

3. 为什么大客户不等于"好客户"？

4. 为什么小客户可能是"好客户"？

5. 客户选择的指导思想有哪些？

案例分析

美团电商的客户选择：本地生活服务的精准触达

美团作为国内领先的生活服务电商平台，其电商业务涵盖了外卖、到店、酒店旅游、休闲娱乐等多个领域。面对庞大的客户群体和多样化的消费需求，美团如何精准选择电商客户，成为提高平台效益和客户体验的关键。

美团电商的客户选择主要体现在以下几个方面。

1. 基于地理位置的精确定位

① LBS 技术：美团利用 LBS（Location Based Service，基于位置的服务）技术，精准定位客户的地理位置，为客户推荐附近的商家和服务。

② 地理围栏：美团设置虚拟的地理围栏，当客户进入特定区域时，向其推送相关的优惠信息和商家推荐。

2. 基于客户画像的精准营销

① 数据收集：美团收集客户的消费记录、浏览历史、搜索关键词、评价信息等数据。

② 客户画像：基于收集到的数据，美团构建了详细的客户画像，包括客户的消费习惯、兴趣爱好、消费能力等。

③ 客户分层：根据客户的消费能力、活跃度等指标，将客户分为不同的层级，并针对不同层级的客户制定不同的营销策略。

④ 个性化推荐：美团利用机器学习算法，分析客户画像、行为数据和商家信息，为

商家进行精准的广告投放，同时为客户推荐个性化的商家和服务。

3. 基于场景的精准触达

① 外卖场景：根据客户用餐时间、地点、口味偏好等，推荐附近的外卖商家和菜品。

② 到店场景：根据客户消费目的、预算、评价等推荐附近餐厅、酒店、娱乐场所等。

③ 旅游场景：根据客户的出行时间、目的地、预算等，推荐附近的酒店、景点、交通服务等。

4. 基于社交关系的精准传播

① 好友推荐：美团鼓励客户分享消费体验和商家信息，利用社交关系链精准传播。

② 社区团购：美团发展社区团购业务，利用社区关系网络进行精准营销。

以美团外卖为例，美团会根据客户的地理位置、历史订单、口味偏好等信息，为客户推荐附近的外卖商家和菜品。例如，如果一个客户经常在中午 12 点下单外卖，并且喜欢吃川菜，美团就会在中午 12 点之前向该客户推荐附近的川菜馆，并优先展示客户喜欢的菜品。

【思考与讨论】

1. 美团是如何选择目标客户的？

2. 美团的客户选择对其他企业有何启示？

项目实训

【实训内容】

根据班级人数进行分组，每 3～5 人为一个小组，进行实训讨论，合作完成实训任务。

以情景任务中小张摄影工作室的创业情况作为实训背景，结合本项目的重点知识，为毕业后进行摄影工作室创业的小张和小周选择合适的目标客户。

注意：选择的目标客户要符合摄影工作室的具体情况；选择目标客户时需遵循客户选择的指导思想。

【实训评价】

任务完成后以 PPT 形式进行课堂展示，班级进行小组自评、小组互评和教师评价。实训评价表如表 2-1 所示。

表 2-1　实训评价表

评价标准	小组自评（30%）	小组互评（30%）	教师评价（40%）
能够按照实训要求完成所有实训任务（15分）			
选择的客户符合"好客户"的标准（20分）			
结合企业具体情况进行有针对性的分析（15分）			
内容分析全面、能够落地（15分）			
达到团队协作、职业规范与职业素养目标（20分）			
课堂展示清晰、全面、准确、流畅（15分）			

拓展延伸

【拓展 2-1】

查看配套资源中的知识拓展，概括你学习的要点。

知识拓展

如何选择与确定
目标客户

_____

_____

_____

【拓展 2-2】

查看配套资源中的知识拓展，概括你学习的要点。

知识拓展

如何挑选客户

_____

_____

_____

项目三

客户开发

多彩知识树

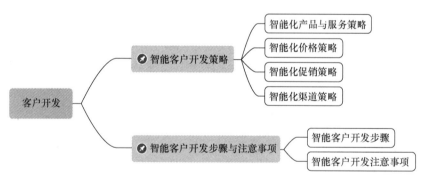

客户开发
- 智能客户开发策略
  - 智能化产品与服务策略
  - 智能化价格策略
  - 智能化促销策略
  - 智能化渠道策略
- 智能客户开发步骤与注意事项
  - 智能客户开发步骤
  - 智能客户开发注意事项

课前小故事

娃哈哈成长之路

艰苦创业 从无到有

1987年，宗庆后靠代销起家筹建了杭州保灵儿童营养食品厂，开启了娃哈哈的创业历程。

1988年，娃哈哈成功开发出自己的第一款产品——娃哈哈儿童营养液。

娃哈哈儿童营养液由于功效突出，解决了儿童不愿吃饭、偏食等问题，一投放市场，就获得了广大消费者的青睐。随着广告语"喝了娃哈哈，吃饭就是香"响彻大江南北，娃哈哈儿童营养液一炮打响，迅速走向全国，成为企业的"拳头产品"，企业名称也于 1989 年从杭州保灵儿童营养食品厂变更为杭州娃哈哈营养食品厂。

从小到大 跃居龙头

1991 年，为扩大生产规模，满足市场需求，娃哈哈有偿兼并了拥有职工 2000 多人的国营老厂——杭州罐头食品厂，创造了"小鱼吃大鱼"的奇迹。兼并之后，娃哈哈利用产品优势、资金优势和市场优势，迅速盘活了该厂的存量资产，实现了"从小到大"的历史性突破，从而为企业发展奠定了基础。

1994 年，娃哈哈积极响应国务院对口支援三峡库区移民工作的号召，投身西部开发，兼并了涪陵地区受淹的 3 家特困企业，组建娃哈哈涪陵有限责任公司。之后，凭借成熟的产品和技术、成熟的市场、雄厚的资金实力和强劲的品牌优势，娃哈哈涪陵有限责任公司迅速打开了局面。

此后，娃哈哈"西进北上"、靠近消费市场就地设厂的战略步伐越迈越大，在各地区不断建立分公司。这些分公司直接解决了 13 000 余人的就业问题，还间接解决了农民的农产品出路问题，为农业产业结构调整和社会主义新农村建设做出了贡献。这也使杭州的娃哈哈成了全国的娃哈哈，一举奠定了行业地位。

转型升级 从大到强

娃哈哈一直坚持不断创新，从跟进创新到引进创新，再到自主创新及全面创新，通过创新取得了领先优势，占据了主动权。娃哈哈成立了集技术研发、产品创新于一体的综合性企业研究院，推出了以营养快线为代表的系列新产品，受到了市场的热烈追捧，创造了巨大的经济效益。企业依靠产品自主创新，实现了"从大到强"的转变。

思考与讨论：娃哈哈在发展的过程中是如何一步步实现市场开发的？

学习目标

知识目标

1. 掌握智能客户开发策略。
2. 掌握智能客户开发步骤与注意事项。

能力目标

1. 能够制定有吸引力的智能客户开发策略。
2. 能够利用智能客户开发策略进行客户开发。

素养目标

1. 培养商务礼仪，打造精益求精的职业素养。
2. 锻炼沟通应变能力和问题解决能力。

3．树立高尚的职业理想，培养"遵纪守法、诚信经营"的职业道德。

4．培养创新精神与吃苦耐劳的职业品格。

 任务一　智能客户开发策略

情景任务

在上一项目中小张已经在同学们的帮助下选择好了目标客户。然而选择客户仅仅是为接下来的任务做准备。对新企业来说，首要的任务就是吸引和开发客户。因此，接下来的任务就是对选择好的客户进行客户开发。小张应该如何开发客户，吸引客户进店消费呢？有哪些吸引客户的具体策略呢？

本任务点目标：理解客户开发的作用；

　　　　　　　掌握智能客户开发策略；

　　　　　　　能够针对企业情况制定吸引客户的具体策略。

客户开发是企业将目标客户和潜在客户转化为现实客户的过程。客户开发对企业来说至关重要，它直接影响到企业的行业地位、市场占有率、利润水平等。企业可通过有针对性的智能化产品与服务策略、价格策略、促销策略、渠道策略吸引目标客户。

一、智能化产品与服务策略

智能化产品与服务策略指企业运用智能技术和数据分析手段，提高产品或服务的智能化水平，包括产品或服务的质量、规格、功效、定位、品牌、包装等方面，从而更好地满足客户需求、提升客户体验、提高企业效率和竞争力的战略方案。有吸引力的产品或服务策略就是企业提供给客户的产品或服务对客户来说特别有吸引力。这种吸引力可能源自产品或服务的某一方面或是某几方面能够很好地满足客户的需要，并且可替代程度较低。企业可以从以下方面入手吸引客户。

（一）功能效用

一般来说，客户购买产品或服务首先考虑的是其使用价值。功能效用是吸引客户的基本点，功能越强、效用越好的产品或服务对客户的吸引力就越大。

例如，近两年，单纯洗热水澡已经不能满足人们的需求了，人们开始关注如何更健康地洗澡。林内燃气热水器具有自主研发的水温按摩功能，通过冷热水交替，使毛细血管扩张、收缩，具有按摩的效果。开启水温按摩功能后，水温会在设定温度及往下10℃的范围内规律波动，促进毛细血管扩张、收缩，加快血液流动，客户在家里就能拥有良好的按摩体验。除此之外，林内燃气热水器还具有浴缸模式。在浴缸模式下，该产品具有放满水即停功能，即设置好需要的热水量，产品可以自动停止放水，凸显智能。

老产品或者老式服务在功能和效用上加以改进后重新推出，也能够有力地吸引客户。为了满足高端客户需求，海尔开发出了"卡萨帝"系列品牌。该品牌是海尔旗下的高端系

列品牌，主攻高端市场，旨在带给人们极致的使用感受。卡萨帝洗衣机凭借 601 毫米内筒、445 毫米超大取衣口径、460 毫米超薄机身、超级省时等特色，成为洗衣机行业的技术创新标杆。其中，卡萨帝洗衣机的空气洗功能尤为突出，该功能可通过变温蒸汽和强风护理衣物，以变温蒸汽还原衣物活性，同时清洁深层次纤维内部灰尘、污渍，让干硬纤维自然伸展，恢复原貌。

另外，随着 5G 和 AI 技术发展，越来越多终端开始联网。例如，对于华为发布的车载智慧屏，HUAWEI HiCar 可将手机与车载智慧屏连接起来，在两者之间建立通道，把手机的应用和服务延伸到车载智慧屏上，使体验不中断。同时，车载智慧屏搭载的语音交互功能，能让非联网汽车享受到智能化的体验。

课堂案例

查看配套资源中的课堂案例，谈谈你对案例的看法。

课堂案例

格力零碳健康家

（二）产品质量

产品质量是企业一切营销活动的基石，其在吸引客户方面起着决定性作用，客户总是会青睐那些质量优异的产品，甚至有时为了获取优质的产品，愿意支付更高的价格。

课堂案例

查看配套资源中的课堂案例，谈谈你对案例的看法。

课堂案例

海底捞食品质量控制

（三）产品特色

随着产品同质化程度越来越高，消费者越来越需要个性化、特色化的产品来满足自己的需求，这就需要企业更加关注所提供的产品的特色。

近几年国潮风兴起，联想用一款极具特色的科技产品——联想小新 Pro 13s "锦绣前程"故宫文创版引领了 2020 年的国潮新风。整个产品的设计灵感来源于故宫博物院藏品 "大红色缂丝彩绘八团梅兰竹菊袷袍"，提取了其中的图案印于机身，让国潮气息更加浓厚，最终成为新年 "爆款" 产品，获得了众多客户的推崇。

长荣航空凭借 Hello Kitty 彩绘机成为 "最会'卖萌'的航空公司"。机身上是五颜六色的 Hello Kitty 卡通图案，飞机内饰、登机牌、餐食，甚至厕纸都围绕卡通主题设计，这些设计唤醒了客户的"粉红少女心"。

（四）品牌价值

品牌是具有经济价值的无形资产。品牌用抽象化的、特有的、能识别的心智概念来表现其与其他品牌的差异性，从而让人们对其形成一定的认识。

品牌在企业营销活动中起着关键性的作用。首先，它是质量的保证，可以增强客户购买本企业产品的信心，提高客户忠诚度。其次，品牌能够触动客户内心，让客户得到较大程度的心理满足。最后，品牌有助于提升客户的形象，是客户身份地位的象征和体现，可以增加客户的购买热情。

（五）产品包装

产品包装是指在流通过程中，为保护产品、方便储运、促进销售，按一定的技术方法使用的容器、材料和辅助物等的总称。产品包装是客户对产品的第一印象，极易引发首因效应，所以产品的包装尤为重要。

2019 年农夫山泉全面推出单品茶 π，其包装采用了全新的一套插画设计，根据 5 个不同口味，设置相应的场景；选择了想象力更丰富、线条色彩更明快的手绘插画，看上去更清新、柔和，并结合与茶相关的小故事，增强趣味性和吸引力。新标志配合插画的小清新风格，并且以扁平化的细黑体作为标志字体，所有笔画都被最大限度地简化，这样的包装使产品整体风格更简约现代化。

（六）企业服务

企业服务是产品整体概念中的附加产品，通常服务越细致全面，客户的满意度也就越高，产品对客户的吸引力就越强。所以现代企业更加关注产品的配送、安装及调试、维修与检验、技术培训等方面，以提高产品的附加价值。

海尔是我国最具价值的品牌之一，其推行的"全程管家 365"服务起到了重要作用。在 365 天里，海尔"全程管家"服务人员 24 小时等待海尔客户的来电。只要客户打电话到当地的海尔服务热线，"全程管家"服务人员就会及时按客户提出的需求上门服务。服务内容包括售前上门设计、售中咨询导购、售后安装调试、定期维护保养等，大大提升了客户购买海尔产品的信心。

📚 课堂案例

查看配套资源中的课堂案例，谈谈你对案例的看法。

课堂案例

悦诗风吟"工坊"
特色服务

_____

_____

_____

（七）承诺与保证

承诺与保证是企业在客户购买产品的过程中提供的保障，主要目的是最大限度地降低客户在购买过程中的风险，减轻客户购买产品的各种压力，引导客户放心购买，从而赢得客户的信赖。

二、智能化价格策略

智能化价格策略是指企业利用人工智能等技术来分析大量市场和客户数据，动态调整产品和服务的价格的策略。这种策略可以实时响应市场变化、竞争情况和客户需求的变动，涉及的技术包括机器学习、预测分析和价格优化算法等，这些技术可以帮助企业确定最佳的价格，以提高销售额和利润。使用智能化技术进行定价主要有以下几种策略。

（一）动态定价

动态定价是指根据市场需求、竞争情况和客户行为等因素，在实时或近实时的基础上调整产品的价格。这种策略是通过大数据分析和机器学习算法来实现的。例如，在经营一家电子产品网店时，可以使用数据分析工具监测市场价格变化、竞争对手的价格变化及客户的购买行为。如果发现竞争对手的某款产品在竞争对手上调价格时销量增加，就可以考虑稍微调高价格以获得更高的利润。如果发现某款产品在市场价格下跌时销量上升，则可以适当降低价格来吸引更多客户。这种动态定价策略能够帮助企业更好地适应市场变化，实现收益最大化。

（二）个性化定价

个性化定价是指根据客户的偏好、购买历史和行为等数据，制定个性化的定价策略，为不同客户提供不同的价格优惠和服务方案。以电商平台为例，当客户登录网站时，系统会根据客户的购买历史、搜索记录和个人偏好，通过大数据算法为其展示个性化的产品推荐，并提供针对该客户的专属折扣优惠。

（三）价格弹性分析

价格弹性分析是指针对客户对价格的敏感度和反应程度进行分析，确定产品或服务的价格弹性，为定价决策提供参考和依据。例如，酒店经营者可能会发现客户在旅游旺季对酒店房间价格的敏感度较低，客户更愿意接受较高的价格以保证住宿品质。但在旅游淡季，客户对价格的敏感度可能会提高，因此酒店可能会采取更多的优惠措施来吸引客户入住。

（四）智能化优惠策略

智能化优惠策略是指基于对客户行为和需求数据的分析，设计智能化的优惠活动，以提高客户购买意愿和客户忠诚度。例如，在线购物网站可以根据客户的购买频率和金额，自动发送满减活动信息或折扣券。这种个性化的优惠策略可以帮助企业吸引更多客户并促进销售增长。

谈一谈

查看配套资源中的谈一谈案例，谈谈你的看法。

1. 淘宝网是采用哪些方式来吸引客户消费的？请具体分析其策略。
2. 淘宝网吸引客户的策略对其他购物平台有何启示？

_____

_____

_____

谈一谈

一元包邮背后的
营销逻辑

三、智能化促销策略

智能化促销策略通过使用 AI 来分析客户数据和行为模式，从而创建个性化的营销活动，包括在正确的时间通过合适的渠道向目标客户发送定制化的促销信息。智能化促销策略的目的是提高促销活动的效果，提高客户参与度，提高转化率，其主要形式如下。

（一）个性化促销策略

个性化促销即根据客户的偏好和行为数据，利用智能技术和数据分析手段，设计智能化的营销活动，提供个性化的促销和优惠信息，吸引客户关注和参与。促销方式有以下几种。

1. 免费试用

企业可使用数据分析和机器学习算法，精准识别可能对特定产品感兴趣的客户群体，并据此有针对性地提供免费试用服务。例如，美妆品牌可以通过分析客户在社交媒体上的活动和偏好，向潜在客户提供个性化的免费试用产品。

2. 免费服务

企业可利用聊天机器人和自动化服务系统，在线提供专业咨询和售后服务，增强客户互动和提升购买体验。例如，家居装饰企业可以通过 AI 助手提供室内设计建议和虚拟现实预览，提升购买的便利性。

3. 奖券定向发放

企业可使用智能系统进行奖券活动的个性化推广和管理，如根据客户的购物历史和偏好定向发放不同种类的奖券。例如，电商平台可以通过分析客户购物数据，向特定客户群体发放个性化的折扣券或礼品卡。

课堂案例

查看配套资源中的课堂案例，谈谈你对案例的看法。

_____

_____

_____

课堂案例

通过电子邮件实现
产品促销

（二）广告策略

企业可利用 AI 技术分析市场趋势和客户行为，制定精准和吸引人的广告策略。例如，企业可以利用 NLP 和机器学习算法分析社交媒体上的客户反馈，调整广告内容，使其更加贴近客户的实际需求和兴趣点。同时，企业还可使用智能算法为不同的客户群体定制个性化广告，如根据客户的浏览历史和购物习惯展示相关产品的广告。

（三）公关策略

企业可利用大数据和 AI 技术分析公众情绪和市场趋势，制定有效的公关策略，提升品牌形象。例如，企业可以利用社交媒体监控工具分析客户对品牌的看法，并及时调整公关策略，增强品牌与客户的互动。企业还可利用智能化工具进行社会责任活动的分析和规划，如通过数据分析确定具有较强影响力的公益项目并积极参与，提升品牌的社会责任形象。

企业还可以利用实时数据分析和机器学习算法及时调整促销策略和营销活动方案，提高促销效果和响应速度；通过智能化手段分析客户的生命周期，根据客户所处的生命周期阶段制定相应的促销策略和活动方案，促进客户的转化和留存。

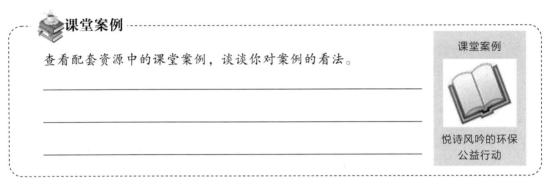

课堂案例

查看配套资源中的课堂案例，谈谈你对案例的看法。

_____

_____

_____

课堂案例

悦诗风吟的环保
公益行动

四、智能化渠道策略

智能化渠道策略是指利用新兴技术，如人工智能、大数据分析等，优化产品和服务的分销渠道的策略。该策略不仅能提高销售效率和扩大销售覆盖范围，还能为消费者提供更多样化、便捷的购买方式。智能化渠道策略主要包括以下内容。

（一）媒体即卖场

随着技术进步与新媒体形式的不断拓展，当下媒体与渠道之间的界限日益模糊，这使新品牌在消费者关注的场景中销售产品成为可能。除电商平台之外，各种新媒体平台也纷纷加强平台的"基础建设"，打造好自身的服务设施，帮助品牌主提供产品，与消费者进行直播沟通。

例如，微信通过自有生态的多触点助力品牌实现对消费者的高频触达；抖音打造了"抖音新锐发布"，帮助新品牌在抖音的大流量环境下从内容公域、广告公域让新品牌直面消费者；快手以磁力引擎为基石，打造"触达—激发—沉淀—转化"的完整品牌内容社交营销链路。新媒体平台打破了渠道垄断，为市场提供了新机会，于是，众多品牌涌入各新媒体平台，将平台打造成自己的卖场。

尤其对小品牌而言，其一开始也许没有能力进入天猫，更没有资金拓展线下渠道，但可以直接把微信、抖音、小红书、哔哩哔哩等平台当成卖场，解决渠道方面的困扰。

（二）拓展客户消费场景

利用智能化技术和数据分析手段，不仅可以拓展客户消费场景，还可以拓宽消费渠道，促进客户开发。例如，三顿半咖啡除传统咖啡厅、办公室等场景外，还拓展了出差路上、开车途中等场景。这些都是其他品牌较少开发的场景，在这些场景中客户选择该品牌的概率会大大增加。随着西安大唐不夜城火遍全国，国内旅游业也在不断拓展"夜生活"消费场景，如音乐节、温泉、主题体验馆、国风秀等场景。

（三）多渠道整合与评估

企业可实现多渠道的整合，将线上线下渠道进行统一管理和协调，提供一致的客户体验和服务品质；此外，还可以利用数据分析技术，对不同渠道的效果进行评估和分析，确定优质渠道和优化空间，实现渠道管理的智能化和精细化。

 谈一谈

你看过大唐不夜城的抖音小视频吗？请谈谈你认为它为什么会火遍中国。

_____

_____

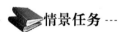 **任务二　智能客户开发步骤与注意事项**

情景任务

在上一节课中，小张学习了营销导向的智能客户开发策略，成功吸引了一批潜在客户。但仅有客户关注还不够，如何推动客户成交、提高转化率才是关键。本节课，他将探索推销导向的智能客户开发策略，通过精准销售提高成交率。让我们跟随小张的脚步一起学习如何高效转化客户吧！

一、智能客户开发步骤

（一）市场趋势分析和客户数据收集

企业应进行市场趋势分析和收集潜在客户的详细数据，包括客户的行为模式、偏好和需求等数据。这一步是制定有效客户开发策略的基础。例如，一家在线时尚零售商利用数据挖掘工具获取社交媒体和网站交易数据，来分析目标客户对最新时尚趋势的反应和购买行为。

（二）客户细分和个性化策略制定

利用收集的数据对潜在客户进行细分，识别不同的目标群体，并针对每个群体制定个性化的营销策略。例如，基于收集到的数据，在线时尚零售商将客户分为"时尚先锋"和"经典购物者"等不同群体，然后为每个群体设计不同的电子邮件营销活动，向他们推荐感兴趣的产品。

（三）利用智能技术进行客户互动

利用聊天机器人、自动化邮件和智能推荐系统等工具与客户进行有效沟通，提供快速响应和个性化服务，以提升客户体验。例如，当客户询问关于某种风格的服装搭配建议时，聊天机器人能够提供个性化的建议。

（四）持续监控、分析和优化

持续跟踪营销活动的成效，利用智能分析工具评估销售数据和客户反馈，及时调整策略以优化结果，同时注重长期客户关系的建立和维护。例如，在线时尚零售商使用智能分析工具监控营销活动的效果数据，如打开率、点击率和转化率，并根据这些数据调整其电子邮件营销策略；同时，通过对客户反馈的分析，不断提高聊天机器人的回答准确性和推荐质量。

二、智能客户开发注意事项

（一）数据质量和隐私

确保收集和使用的客户数据是高质量和准确的，因为数据分析的准确性直接影响到客户细分和策略的有效性。同时，要遵守数据隐私相关法规和标准，确保客户数据的安全和合法使用，避免侵犯隐私和出现信任问题。

（二）个性化与过度定制的平衡

虽然个性化营销策略可以提高客户参与度，但过度定制可能导致信息过载或使人感觉被侵扰，找到适当的平衡点非常重要。

（三）技术集成和操作

确保所使用的技术（如机器学习算法、数据分析技术）能够顺利被集成到现有的营销系统中。定期对技术进行维护和升级，以提高系统的工作效率。

（四）持续监测和灵活调整

持续监测市场反应和销售结果，根据反馈及时调整策略。避免僵化地坚持初始策略，要灵活适应市场和客户需求的变化。

（五）跨部门协作

促进营销、客户服务和信息技术部门之间的协作，确保各部门对智能客户开发策略达成共识并能有效执行策略。

（六）客户体验和满意度

在使用智能技术优化营销过程的同时，要确保不牺牲客户体验和服务质量。定期收集客户反馈，了解客户的需求和对服务的满意度，以此为依据指导未来的改进方向。

技能测试

一、不定项选择题

1. 智能化产品与服务策略是指利用（　　）和（　　）手段，以提高产品或服务的智能化水平。

    A. 智能技术　　　　B. 数据分析　　　　C. 附加产品　　　　D. 撇脂定价

2. （　　）是企业一切营销活动的基石。

    A. 定价　　　　　　B. 渠道　　　　　　C. 产品质量　　　　D. 促销

3. 品牌在企业营销活动中起到的关键性作用包括（　　）。

    A. 质量的保证　　　B. 触动客户内心　　C. 提升客户的形象　D. 以上都不是

4. 个性化定价是根据（　　）、（　　）和（　　）等数据，制定个性化的定价策略。

    A. 客户的偏好　　　B. 购买历史　　　　C. 购买行为　　　　D. 以上都不是

5. 与客户进行有效沟通的工具包括（　　）。

    A. 聊天机器人　　　B. 自动化邮件　　　C. 智能推荐系统　　D. 以上都不是

二、判断题

1. 推销导向的智能客户开发是一种结合传统推销方法和现代智能技术的客户开发策略。（　　）

2. 人工智能、大数据分析、社交媒体平台等都是智能化渠道策略使用的新兴技术。（　　）

3. 大数据和 AI 技术并不能分析公众情绪和趋势。（　　）

4. 智能化优惠策略是主要是基于客户行为和需求数据，来设计优惠活动。（　　）

5. 客户开发对企业来说可有可无。（　　）

三、思考题

1. 你如何理解"产品质量是企业一切营销活动的基石"？

2. 智能化定价策略主要包括哪些？

3. 说说什么是智能化优惠策略。

4. 智能化促销策略的主要形式包括哪些？

5. 进行智能客户开发需要注意哪些问题？

案例分析

小红书的客户开发策略

小红书是一个生活方式分享社区，成立于 2013 年。在小红书社区，用户通过文字、图片、视频等形式的笔记分享，记录着这个时代年轻人的正能量和美好生活，小红书通过机器学习算法对海量信息和用户进行精准、高效匹配。截至 2024 年，小红书的月活跃用户已经超过 3 个亿。

那么，小红书是如何在短时间内迅速进行客户开发，获得大量用户的呢？

1. 产品的品牌效力和正品保证

小红书通过社区分享笔记，使用户可以发现自己需要的产品，或者给用户"种草"一些品质、评价较高的产品，并且大多数产品都可以直接通过小红书的购买链接进行购买。小红书与多个品牌达成了战略合作，还有越来越多的品牌商家通过第三方平台在小红书销售。品牌授权和品牌直营模式并行，可以确保用户在小红书购买到的都是正品。小红书建成的 REDelivery 国际物流系统，可以确保国际物流的每一步都可以被追溯。用户可以在物流信息里查到产品是坐哪一航班来到中国的。小红书在多个国家建立了专业的海外仓库，在郑州和深圳的自营保税仓面积超过 5 万平方米，并在仓库设立了产品检测实验室。用户如有任何疑问，小红书会直接将产品送往第三方科研机构进行光谱检测，从源头上将潜在风险降到最低。

2. 精美的包装与快速配送方式

小红书产品的包装是外形精美、颜色鲜艳的红色盒子，并且其上印有时尚标语，在一些大型促销活动中，小红书也会在盒子上进行相应的宣传。另外，小红书通过设立保税仓备货，缩短了用户与产品之间的距离。目前小红书在郑州、深圳等地拥有自营保税仓。如果通过海外直邮等模式购物，用户动辄要等一个月才能收到货，而在小红书，用户下单后大概两三天就能收到货。

3. 独特的价格组合策略

小红书单品价格较低，另外会有不定时的促销活动，每年两次的大型促销活动更会大幅打折，适合用户大规模囤货。小红书还经常通过促销活动进行优惠组合定价，例如，"任选 4 件 99 元"等系列活动，用户可以通过选购相应数量的特定产品，享受到力度比较大的折扣。小红书还推出了"差价报价，一贵就赔"的方案。若购买产品的实际价格高于当天该产品在其他渠道的价格，小红书就全额返还该产品与其他渠道的差价。小红书推出了"7 天保价"服务，若产品在下单后 7 个自然日内，在小红书降价，小红书就全额返还差价。

4. 方便多样的购买渠道

通过社区口碑传播模式，用户可以通过关注自己感兴趣的产品、小红书博主、模块来获取产品信息，并且可以直接通过产品笔记的标签或链接发现好物，在小红书直接购买。用户在产品界面会看见最新的购买信息，其他用户如果也下单该产品，小红书就会有消息提示，以促使用户坚定购买决心。

5. 新颖独特的促销策略

小红书每天都会不定品牌地进行优惠券发放，用户可以在功能栏的领券中心领取优惠券，优惠券可以抵扣一部分金额。另外，如果用户成为黑卡会员，就可以享受相应的会员权益，可以在原本低廉的价格基础上叠加会员折扣，并且购买即可享受顺丰包邮，不用付邮费或者凑单包邮。

【思考与讨论】

1. 小红书是如何进行客户开发的？请具体分析其策略。

2. 小红书的案例对其他互联网企业有何启示？

项目实训

【实训内容】

根据班级人数进行分组，每3～5人为一个小组，进行实训讨论，合作完成实训任务。

以情景任务中小张摄影工作室的创业情况作为实训背景，结合本项目的重点知识，针对上一项目实训中选择的目标客户进行客户开发。

（1）以PPT形式体现客户开发报告。

（2）通过课堂模拟，以小品或话剧形式展示客户开发过程。其他小组总结从本组表演中获得的启示。

【实训评价】

任务完成后进行课堂展示，班级进行小组自评、小组互评和教师评价。实训评价表如表3-1所示。

表3-1　实训评价表

评价标准	小组自评（30%）	小组互评（30%）	教师评价（40%）
能够按照实训要求完成所有实训任务（15分）			
制定的策略全面、具体、有针对性（15分）			
制定的策略独特、有吸引力（20分）			
客户开发报告分析全面、能够落地（15分）			
达到团队协作、职业规范与职业素养目标（20分）			
课堂模拟真实、全面、深刻、流畅（15分）			

拓展延伸

【拓展3-1】

查看配套资源中的知识拓展，概括你学习的要点。

知识拓展

拜访的流程

_____

_____

_____

【拓展 3-2】

查看配套资源中的知识拓展，概括你学习的要点。

知识拓展

世界特色主题
餐厅，你想去吗？

_____

_____

_____

项目
四

客户信息管理

多彩知识树

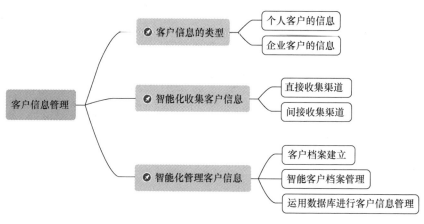

```
                                                      ┌─ 个人客户的信息
                                  ◎ 客户信息的类型 ──┤
                                                      └─ 企业客户的信息

                                                      ┌─ 直接收集渠道
            客户信息管理 ──────── ◎ 智能化收集客户信息 ─┤
                                                      └─ 间接收集渠道

                                                      ┌─ 客户档案建立
                                  ◎ 智能化管理客户信息 ─┼─ 智能客户档案管理
                                                      └─ 运用数据库进行客户信息管理
```

课前小故事

建立客户档案：更多地了解客户

　　乔·吉拉德曾经说过，不论你推销的是什么东西，最有效的办法就是让客户真心相信你喜欢他、关心他。如果客户对你抱有好感，你成交的概率就增加了。要使客户相信你喜欢他、关心他，那你就必须了解客户，搜集客户的各种有关资料。

　　乔·吉拉德中肯地指出："如果你想把东西卖给某人，你就应该尽自己的力量去收集他与你生意有关的情报。不论你推销的是什么东西。如果你每天肯花一点时间来了解自己的客户，做好准备，铺平道路，那么，你就不愁没有自己的客户、没有成交量。"

刚开始工作时，乔·吉拉德把收集到的客户资料写在纸上，塞进抽屉里。后来，有几次因为资料缺乏整理而忘记追踪某一位准客户，他开始意识到自己动手建立客户档案的重要性。他去文具店买了日记本和卡片档案夹，把原来写在纸上的资料全部整理在一起，建立起了他的客户档案。

乔·吉拉德认为，推销员应该像一台机器，具有录音机和计算机的功能，在和客户交往过程中，将客户所说的有用情况都记录下来，从中把握一些有用的信息。

乔·吉拉德说："在建立自己的客户档案时，你要记下有关现有客户和潜在客户的所有资料，他们的孩子、嗜好、学历、职务、成就、旅行过的地方、年龄、文化背景及其他任何与他们有关的事情，这些都是有用的推销情报。所有这些资料都可以帮助你接近客户，使你能够有效地跟客户讨论问题，谈论他们感兴趣的话题，有了这些资料，你就会知道他们喜欢什么、不喜欢什么，你可以让他们高谈阔论、兴高采烈，甚至手舞足蹈。只要你有办法使客户心情舒畅，他们也不会让你大失所望。"

思考与讨论：乔·吉拉德是如何接近客户并提高成交率的？这个案例对我们有何启示？

学习目标

知识目标

1. 理解客户信息对企业发展的重要性。
2. 理解并掌握具体要收集哪些客户信息。
3. 掌握收集客户信息的渠道。

能力目标

1. 能够建立与管理客户档案资料。
2. 能够用数据库进行客户信息管理。

素养目标

1. 强化定量分析思维、系统思维与"互联网+"思维。
2. 培养对数据的敏锐嗅觉与信息捕捉能力。
3. 培养实事求是、严谨细致的工作作风。
4. 培养创新思维、科技强国思维与爱国意识。

任务一　客户信息的类型

情景任务

在上一项目中，小张了解了如何开发客户，以及吸引潜在客户的重要方法。然而，客户开发只是第一步，要真正服务好客户并建立长期关系，还需要对客户信息进行有效管理。那么，如何收集、整理和利用客户信息呢？请同学们带着这个问题开始接下来的学习吧！

本任务点目标：理解客户信息对企业发展的重要性；

　　　　　　　掌握具体要收集哪些客户信息；

　　　　　　　能够区分个人客户信息与企业客户信息。

客户信息对企业发展至关重要。企业只有通过调查了解并分析客户信息，才能明确客户需求，实现客户定位，制定出正确的经营战略，从而有针对性地为客户提供服务，实现有效的客户沟通，最终提高客户满意度和忠诚度。此外，企业通过收集客户信息能够及时发现客户订货及消费的不良趋向，采取必要的措施进行补救，防止客户流失。企业及时掌握客户对企业产品或服务的反馈，有助于妥善处理客户投诉，消除客户的不满。那么，企业应该收集哪些客户信息呢？

一、个人客户的信息

个人客户的信息通常包括以下几个方面的内容。

1. 基本信息

姓名、身高、体重、出生日期、性格特征、家庭住址、电话号码、电子邮箱地址，所在单位的名称、单位地址等。

2. 消费情况

消费的金额、消费的频率、消费的档次、消费的偏好、购买渠道与购买方式的偏好、消费高峰时点、消费低峰时点、最近一次消费的时间等。

3. 事业情况

以往就职的具体情况，目前在单位的职务、年收入、对目前单位的态度、对事业的态度、长期事业目标、中期事业目标、最得意的个人成就，等等。

4. 家庭情况

婚姻状况、结婚纪念日、节日庆祝方式，配偶的姓名、生日、受教育程度、专长及爱好，子女的姓名、年龄、生日、受教育程度，客户对婚姻的看法、对子女教育的看法，等等。

5. 生活情况

医疗病史、目前的健康状况，是否喝酒（种类、数量）、对喝酒的看法，喜欢在何处用餐、喜欢吃的菜系，对生活的态度、座右铭、休闲习惯、度假习惯，喜欢的运动、喜欢聊的话题、喜欢的媒体、喜欢的宠物，个人生活的中期目标和长期目标，等等。

6. 受教育情况

高中、大学、研究生的起止时间，最高学历、所修专业、主要课程，在校期间所获奖励、参加的社团、最喜欢的运动项目，等等。

7. 个性情况

曾参加过的俱乐部或社团、目前所在的俱乐部或社团，是否有宗教信仰，喜欢看的书籍，重视的事情，待人处事的风格，自我效能感如何，家人认为他的个性如何、朋友认为他的个性如何、同事认为他的个性如何，等等。

8. 人际情况

亲戚情况、与亲戚相处的情况、最要好的亲戚，朋友情况、与朋友相处的情况、最要好的朋友，邻居情况、与邻居相处的情况、最要好的邻居，对人际关系的看法，等等。

例如，房地产企业在收集客户信息时，通常关注客户目前拥有房地产的数量、品牌、购买时间等，而这些在结合家庭人口、职业、年龄和收入等数据进行分析后，往往能够得出该客户是否具有购买需求、预计购买的时间和数量、消费的档次等。

课堂案例

查看配套资源中的课堂案例，谈谈你对案例的看法。

课堂案例

你了解你的客户吗

_____

_____

_____

二、企业客户的信息

企业客户的信息通常由以下几个方面组成。

1. 基本信息

企业的名称、地址、电话号码、创立时间、组织方式、资产规模等。

2. 客户特征

服务区域、经营理念、经营方向与特点、企业形象、声誉等。

3. 业务状况

销售能力、销售业绩、发展潜力与优势、存在的问题及未来对策等。

4. 交易状况

订单记录、交易条件、信用状况及出现过的信用问题、与客户的关系及合作态度、客户对企业及竞争对手的产品或服务的评价、客户的建议与意见等。

5. 负责人信息

所有者、经营管理者、法人代表及其年龄、学历、个性、爱好、能力、素质等。

 任务二　智能化收集客户信息

> **情景任务**
>
> 　　通过上一任务的学习及同学们的具体分析，小张掌握了自己工作室要收集的具体客户信息，但是我们应该如何去获取这些信息呢？请同学们开启接下来的学习之旅吧！
>
> 　　本任务点目标：掌握收集客户信息的渠道；
>
> 　　　　　　　　　建立自觉收集客户信息的意识；
>
> 　　　　　　　　　能够拓展收集客户信息的途径；
>
> 　　　　　　　　　形成对客户信息的敏锐捕捉能力。

一般来说，企业可通过直接收集渠道和间接收集渠道收集客户的信息。

一、直接收集渠道

直接收集客户信息的渠道主要是指客户与企业接触的各种机会。例如，从客户购买前的咨询到售后服务，包括处理投诉、退换产品，都是直接收集客户信息的渠道。而随着科技的发展，人工智能的应用逐渐成为关键因素。具体来说，直接收集客户信息的渠道如下。

（一）智能化数据调查

传统的面谈、问卷调查、电话调查仍然是有效的手段，但现在可以借助数字化工具更高效地进行数据调查。智能调查系统能够根据客户的回答实时调整问题，提高调查的精准度。人工智能在调查数据时能够迅速分析大量信息，为企业提供深层次的客户洞察。例如，企业可以利用在线调查平台，通过人工智能算法自动识别和归类客户反馈，快速了解客户的需求。实时调查结果可以帮助企业快速地调整产品或服务策略，提高客户满意度。

（二）数字广告与营销活动

在数字广告与营销活动中，企业可以通过多种方式收集客户信息。例如，智能广告平台可以追踪客户的浏览记录、点击行为和购买偏好，获取客户的兴趣数据；社交媒体广告可以通过客户的互动、评论和分享行为，分析其需求倾向；网站与 App 则可以通过注册、问卷或 Cookies 技术，收集客户的基本信息和使用习惯。通过这些数据，企业能够精准定位目标客户，优化广告投放策略，提高营销效果。

（三）智能化服务管理

智能化服务管理使企业能够提供个性化、实时的服务。虚拟助手和自动化系统通过自然语言处理技术，能够理解客户需求并提供即时支持。这不仅提高了客户满意度，还为企业收集了宝贵的客户信息。例如，一些企业引入了智能语音助手，通过自然语言处理技术

理解客户问题，并提供即时解决方案。虚拟助手和自动化系统能够自动更新客户档案，为客户提供更个性化的服务。

（四）智能化终端数据收集

让终端数据的收集变得更加智能化，企业可以更全面地了解客户的消费行为，为产品设计和定价策略制定提供有力支持。例如，超市结账扫描仪和会员卡系统通过数字化技术记录客户购买历史，并利用人工智能算法分析客户行为模式。一些零售企业通过增强现实技术，允许客户在试衣间中使用虚拟镜子，同时记录他们的试穿偏好。通过分析这些数据，企业可以更好地了解客户的购物习惯，优化库存结构和产品陈列。

（五）博览会、展销会、洽谈会

传统的展会活动也可以借助人工智能技术变得更智能。例如，在虚拟博览会上，企业可以利用人工智能算法分析参与者的在线行为，提供个性化的产品演示和即时互动。这样的活动不仅能够吸引更多参与者，还为企业收集了更详细的客户信息。

（六）企业网站和呼叫中心

企业网站和呼叫中心的数字化也为客户信息的收集提供了新的可能。例如，通过智能化的网站分析工具，企业可以追踪客户在网站上的行为，了解他们的浏览习惯和偏好。呼叫中心则可以借助语音识别技术，自动整理和分析客户的电话沟通记录。

（七）客户投诉

数字化时代的客户投诉管理更加迅速和智能。通过自然语言处理和情感分析技术，企业可以更好地理解客户投诉背后的问题，并迅速做出反应。这为改进服务、优化产品提供了更快速的反馈机制，也为企业了解客户信息提供了渠道。

二、间接收集渠道

在间接收集渠道中，人工智能的应用也在不断拓展，为企业提供更丰富的客户信息来源。

（一）数字化媒介

数字化媒介包括社交媒体、在线新闻和专业平台等。企业可以通过社交媒体获取客户信息，人工智能通过分析社交媒体数据，能够准确地洞察客户的观点和情感，为企业制定更有针对性的客户关系管理策略。

（二）数字化政府管理系统及驻外机构

数字化的政府管理系统使企业能够更方便地获取客户的注册信息。企业应用人工智能技术能够加速处理大量的客户信息，提供更及时的商业情报。在国际市场，通过人工智能辅助分析外部经济环境，企业可以更好地了解海外客户的经营状况。

（三）数字化金融服务

数字化金融服务提供了更方便的客户信息查询途径，还通过智能风控系统提供了更准确的客户信用评估，企业可以更好地了解客户的资金状况，制定更合理的销售策略。数字化时代金融数据的分析也为企业提供了更深层次的客户洞察。例如，一家小型企业可通过数字化金融服务查询客户的支付历史和信用记录。通过智能风控系统，企业能够更准确地评估客户的信用状况，为与客户的合作提供科学的依据。

（四）国内外咨询公司及市场调研公司

数字化时代的咨询公司和市场调研公司通过大数据分析和人工智能技术，能够更深入地挖掘客户行为和市场趋势。企业可以借助这些专业机构提供的数据，制定更具针对性的客户管理战略。

（五）租用或购买其他公司建立的客户数据库

数字化时代，企业可以便捷地租用或购买其他公司建立的客户数据库。通过人工智能算法，企业可以对这些数据库进行深度挖掘，发现潜在的商机和客户需求，从而更好地拓展业务。

（六）其他渠道

老客户、行业协会和商会等渠道也可通过数字平台更好地进行信息共享，人工智能技术有助于挖掘这些渠道中的潜在商机，同时确保客户信息的安全性和隐私性。

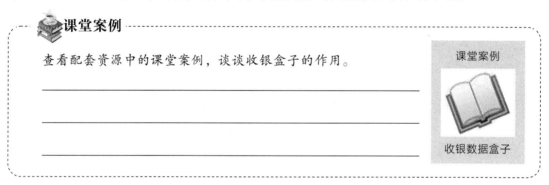

课堂案例

查看配套资源中的课堂案例，谈谈收银盒子的作用。

_____

_____

_____

课堂案例

收银数据盒子

任务三　智能化管理客户信息

情景任务

通过上一任务的学习，小张收集到了工作室需要的部分客户信息，那么，收集到这些信息后应该如何管理呢？请同学们通过接下来的学习来解决这个问题吧！

本任务点目标：理解客户档案的内容和形式；

　　　　　　　理解客户档案管理的原则与模式；

　　　　　　　学会运用工具管理客户档案；

　　　　　　　理解运用数据库管理客户信息的作用。

一、客户档案建立

在数字化时代，建立客户档案时不仅需要关注传统的基本信息，还应充分整合人工智能等技术，以提高客户信息管理的效能。

（一）客户档案的内容

1. 客户档案原始资料

客户档案原始资料是客户档案的基础内容，常见的客户档案原始资料主要有以下两种。

（1）客户基本资料

在数字化时代，客户基本资料不仅包括传统信息，还应考虑数字足迹，如客户在社交媒体上的活跃度、在线行为等。企业可通过数据分析工具整合这些信息，更全面地了解客户特征。

（2）交易记录资料

在数字化时代，交易记录不再局限于纸质文件，而是涵盖电子合同、在线支付记录等。智能化系统可自动整理这些数据，为客户行为分析提供更准确的基础。

2. 客户资信调查报告

被调查客户的资信报告不仅包括财务数据，还包括公众形象与品德。企业可以利用人工智能对大量媒体信息和在线新闻报道进行实时监测，帮助企业及时了解客户的公众形象，以应对舆情风险。

（二）客户档案的形式

在客户档案的形式方面，随着智能化技术的不断发展，企业选择的形式更具创新性和高效性。

1. 客户登记卡

客户登记卡可以记录客户的在线活动、购买历史等信息。通过智能算法的分析，企业能够提高客户画像的精准度。例如，企业可以通过智能算法追踪客户的网上活动，了解其浏览偏好、行为模式，以更好地提供个性化产品推荐和服务。

2. 客户资料卡

客户资料卡也是客户档案的基本形式，很多企业已经开始建立并实施客户资料卡制度。客户资料卡根据客户状态不同一般分为3种类型。

（1）潜在客户资料卡

潜在客户资料卡主要面向潜在客户。通过智能调查工具，企业可以全面地了解潜在客户的需求、偏好和购买习惯。企业可以利用人工智能分析这些调查数据，为新客户的开发提供更有针对性的产品策略和促销策略。

（2）现有客户资料卡

现有客户资料卡在数字化时代更加强调实时记录和不断更新。除了基础性资料外，数字化的现有客户资料卡还包括客户需求信息、交易信息、企业投入信息等。以上信息可以通过智能系统自动记录，减轻企业的人工操作负担。

（3）旧客户资料卡

对于终止购买行为的客户，企业应设置旧客户资料卡，记录客户停止购买的原因等内容，并通过数字化方式灵活地管理这些信息。

3. 客户数据库

客户数据库在数字化时代发挥着重要的作用。企业可以利用数据库技术全面收集客户的综合数据资料，并通过人工智能进行深入的数据挖掘和统计分析。这使企业的营销工作更有针对性，有助于维护客户关系和获取竞争优势。

当前，许多企业都注重建立客户数据库，通过数字化的手段灵活地管理客户信息，开展回报忠诚客户的活动，以巩固与老客户的关系，并吸引新客户。

> 📚 **课堂案例**
>
> 查看配套资源中的课堂案例，谈谈《CXO 杂志》如何利用数据库管理客户关系。
>
> _____
>
> _____
>
> _____
>
> 课堂案例
>
> 《CXO 杂志》的数据库管理

二、智能客户档案管理

（一）智能客户档案的管理原则

长期以来，我国企业档案管理的实践经验表明，传统的档案管理方式已经不能满足日益复杂的客户关系需求。在数字化的时代，建立智能客户档案应遵循集中管理、动态管理和分类管理的原则，以实现更加科学高效的管理。

1. 集中管理

传统的客户档案管理存在分散化的问题，导致客户资源过于个人化。智能客户档案管理通过集中管理，将客户信息集成于统一的数字化平台。例如，全球知名的电商公司 A 将客户数据集中存储在云端，通过智能算法分析客户购物行为，为客户推荐个性化的商品，提高客户满意度。

> 📚 **课堂案例**
>
> 查看配套资源中的课堂案例，谈谈你对案例的看法。
>
> _____
>
> _____
>
> _____
>
> 课堂案例
>
> 谨防客户资源"私有化"

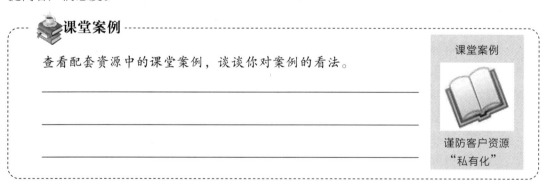

2. 动态管理

与传统的静态管理不同，智能客户档案管理强调动态更新客户信息。数字化平台可以实时追踪客户的行为变化。例如，智能化 CRM 系统可以自动分析客户最近的在线活动，从而及时调整产品推荐策略。这种动态管理使企业能够及时了解和掌握客户的需求变化，提高服务的时效性。

3. 分类管理

智能客户档案管理注重分类管理，根据客户的不同属性、行为等因素进行分类。例如，某健康科技公司 B 通过客户数据库对客户的健康数据进行分类管理，根据客户的健康状况推送个性化的健康建议。这种分类管理有助于提高服务的个性化程度，增强客户黏性。

（二）智能客户档案的管理模式

在数字化时代，客户档案的管理模式需要更加智能和高效，以适应不断发展的企业需求。目前，主要有两种智能客户档案管理模式，它们在应对不同规模和处于不同阶段的企业客户的管理方面具有独特的优势。

1. 简单的客户档案管理模式

对于初创企业或规模较小的企业，采用简单的客户档案管理模式仍然是有效的选择。在这一模式下，企业可以使用办公自动化软件（如 Word、Excel）进行简单的编辑、统计等操作，形成电子化文档资料。这种模式具有成本低、技术门槛低的优势。例如，一家初创的软件开发公司使用 Excel 表格记录客户基本信息，结合数字化工具实现客户需求的快速响应。

2. 客户档案数据库管理模式

随着互联网的飞速发展，企业客户数量不断增加，因此客户档案数据库管理模式显得更为智能和高效。这一模式利用数据库技术，通过数据挖掘和智能分析深入了解客户的基本情况、需求和偏好，从而帮助企业制定更具针对性的营销策略。例如，电商平台通过客户数据库记录客户购物行为，运用人工智能技术实现个性化推荐，提高客户购买转化率，增强客户黏性。

知识拓展

查看配套资源中的知识拓展，概括你学习的要点。

_____

_____

_____

知识拓展

客户信息档案管理的注意事项

三、运用数据库进行客户信息管理

在数字化时代，运用数据库进行客户信息管理是客户关系管理的关键一环。传统形式的客户信息分析可能存在主观性和随意性，而客户数据库的建立使分析更为客观和全面。

（一）运用数据库深入分析客户消费行为

客户数据库不仅是存储客户基本资料和历史交易行为数据的地方，还是一个强大的分析工具。以下是数据库分析的重要指标及客户价值矩阵。

1. 数据库分析的重要指标

（1）最近一次消费时间

最近一次消费时间是衡量客户忠诚度的关键指标。在数字化时代，企业可以通过智能算法对客户最近一次消费时间进行实时监测。例如，一家在线零售平台通过客户数据库实时监测客户最近一次购物的时间。如果一个客户最近一次购物时间距今间隔较久，系统会自动推送个性化促销活动，鼓励其再次购物。

（2）消费频率

客户数据库可以准确地记录客户在特定时间内的消费频率。这使企业能够更好地识别满意度高、忠诚度高的客户，进而制定相应的营销策略。例如，一个健康食品公司，通过分析客户的历史消费频率，发现一些客户每个季度都会消费一次，于是可以有针对性地推出季度促销活动，提高客户忠诚度。

（3）消费总额

通过客户数据库，客户的消费总额可以被精准地统计和分析。通过比较不同时间段内的消费总额，企业可以察觉客户消费态度的变化，及时做出调整和优化。例如，一家高端电器品牌通过客户数据库发现，在某个促销时段，客户消费总额显著增加。因此，该品牌决定将更多的促销资源投入这个时段，以提高销售额。

（4）平均消费额

结合最近一次消费时间、消费频率，企业可以更好地判断客户下一次交易的时间，并通过分析消费频率和消费总额，计算出客户为企业创造的利润。这有助于企业明确谁是最有价值的客户。例如，一家订阅制咖啡公司通过分析客户的平均消费额，发现一些客户在节假日愿意购买高价值的礼品套装，于是调整了相应的产品推荐策略。

2. 客户价值矩阵

消费频率与平均消费额构成了客户价值矩阵，如图 4-1 所示。

最优质的客户是企业利润的基础，因此，企业要全力保留他们。例如，一家在线流媒体平台通过客户数据库，发现一部分客户不仅订阅了高级会员服务，还频繁观看平台推荐的独家内容。这些客户被认定为最优质的客户，平台通过推送个性化内容来进一步提高其忠诚度。

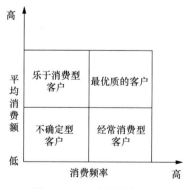

图 4-1 客户价值矩阵

　　乐于消费型客户和经常消费型客户是企业发展壮大的保证，企业应该想办法提高乐于消费型客户的消费频率，通过交叉购买和增量购买来提高经常消费型客户的平均消费额。例如，一家时尚零售企业通过客户数据库的分析，发现一部分客户虽然不经常购物，但一旦购物就会选择高价值的设计款。该企业通过推送专属优惠券，成功提高了这部分客户的消费频率。

　　对于不确定型客户，企业要找出其中有价值的客户，并促使其向另外三类客户转化。例如，通过数据分析，企业可以挑选适当时机主动对这一类客户进行回访，促使其成为更有价值的客户。

（二）运用数据库对客户开展数据库营销

　　数据库营销是一种利用智能化手段，基于收集和分析客户信息，通过电子邮件、短信、电话等方式进行个性化、有针对性的客户挖掘与关系维护的新型营销手段。客户数据库是数据库营销的基石。通过数据挖掘，企业可以深入了解客户的行为，实现有针对性的个性化推广。例如，一家在线娱乐平台根据客户在平台上的浏览历史，向客户个性化推荐影片，以提高客户留存率。

　　数据库营销的核心是数据挖掘。在数字化时代，企业可以通过智能算法对客户数据进行挖掘，实现更精准的个性化推广。这不仅能提升客户体验，还能促进销售的增长。

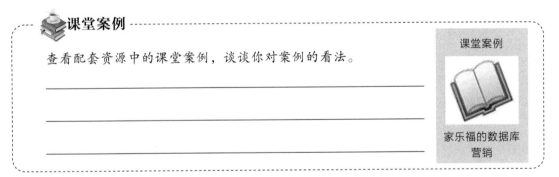

课堂案例

查看配套资源中的课堂案例，谈谈你对案例的看法。

_____

_____

_____

课堂案例

家乐福的数据库营销

（三）运用数据库实现客户管理服务自动化

　　客户数据库不仅提供了营销手段，还增强了对客户的自动管理与服务能力，提高了经营效率。数字化手段带来了营销自动化的新时代。例如，一家社交媒体广告公司通过数据库记录客户的广告点击历史，利用智能算法自动调整广告投放策略。对于经常点击某类型广告的客户，系统会自动调整其广告推送频率，提高广告转化率。

1. 营销自动化

　　当前电商平台和信息流平台能够通过数据库记录客户行为，通过算法自动为客户推荐其感兴趣的商品。淘宝、京东等电商平台能够通过客户数据库管理，自动制定产品折扣，同时还能自动为客户推送通知。通过对客户数据库的数据挖掘，企业可以发现购买某一商品的客户的特征，从而可以向那些具有同样特征却没有购买的客户推销这一商品。

2. 客户服务自动化与推广自动化

　　智能客服机器人通过客户数据库分析和人工智能技术，对客户咨询进行自动回复，实现客户服务自动化、推广自动化。企业可以通过客户数据库分析，向已收货的客户自动发送物流信息，减少手动跟踪工作量。还可以对客户历史交易行为进行监控、分析，当某一客户购买价值累计达到一定金额后，向该客户提供优惠或个性化服务。

3. 办公自动化

协作工具通过客户数据库自动收集客户对产品的评论和建议等数据。这些数据不仅可以帮助企业改进产品，还可用于定期向客户进行满意度调查，实现办公自动化。

4. 物流自动化

电商企业通过客户数据库的分析，实现了电子面单、自动分拣设备的应用，大幅降低了人力成本。这种数字化手段在提高物流效率的同时，也提升了客户的物流体验。

> **🔍 知识拓展**
>
> 查看配套资源中的知识拓展，概括你学习的要点。
>
> _____
>
> _____
>
> _____
>
> 知识拓展
>
> 智能客服机器人
> 的应用

（四）智能化客户信息动态管理

客户情况不断变化，客户信息也应随之不断地更新。智能化客户信息动态管理涉及多个方面，具体如下。

1. 数字化客户档案与动态更新

随着数字化时代的到来，客户档案不再是静态的纸质文件，而是以数字形式存储在数据库中。数字化客户档案允许企业更加灵活地对客户信息进行长期跟踪。通过定期的系统更新，客户的基本资料、交易历史等信息都能够得到及时的更新，企业可以更好地了解和掌握客户的需求变化。

2. 智能分析与预测警示

通过客户数据库，结合智能分析技术，企业能够更深入地理解客户行为。通过运用数据挖掘和机器学习算法，企业可以实现销售进度、销售费用和客户流失等方面的智能预测和警示。例如，系统可以自动分析销售进度的波动，发出预警信号，帮助企业及时调整战略，防止问题扩大。

3. 人工智能助力预警管理

人工智能技术的应用进一步增强了客户信息管理的实时性。对于不同客户的外欠款情况，企业可以设置智能预警系统，一旦客户欠款超过授信额度，系统将自动发出警告。这有助于企业快速响应，及时采取回款措施，有效规避潜在的财务风险。

4. 智能化客户流失预警

客户流失一直是企业关注的焦点，在数字化时代，智能化手段提供了更为精准的客户流失预警。系统可以监控客户的进货情况，一旦发现客户不再进货，智能预警系统会立即发出提示，帮助企业及时进行调查，并采取相应对策，以最大限度防止客户流失。

谈一谈

建立和维护客户数据库需要投入庞大的资金，那么，在什么情况下可以考虑不建立客户数据库呢？

_____

_____

技能测试

一、不定项选择题

1. 如果房地产公司要调查个人客户情况，一般不需要调查的是（ ）。
   A. 客户拥有的房产情况　　　　　　B. 客户购买房产的时间
   C. 客户年龄　　　　　　　　　　　D. 客户身高

2. 以下不是收集客户信息的间接渠道的是（ ）。
   A. 洽谈会　　　　　　　　　　　　B. 政府管理部门
   C. 国内外咨询公司　　　　　　　　D. 市场调研公司

3. 以下属于需要调查的个人客户信息的是（ ）。
   A. 身高体重　　B. 兴趣爱好　　C. 消费偏好　　D. 职业

4. （ ）是指客户在限定的时间内购买本企业产品或服务的次数。
   A. 消费总额　　　　　　　　　　　B. 消费频率
   C. 最近一次消费时间　　　　　　　D. 平均消费额

5. （ ）不能作为客户满意度调查的信息获取渠道。
   A. 已失去客户　　B. 现有客户　　C. 潜在客户　　D. 竞争者客户

二、判断题

1. 最近一次消费时间、消费频率、消费总额等都是客户数据库的重要分析指标。
   （ ）

2. 企业无须对客户负责，不需要严格保密客户的信息。　　　　　（ ）

3. 企业要想维护与客户的稳定关系，需要充分掌握客户信息，了解客户。（ ）

三、思考题

1. 客户信息的重要性体现在哪些方面？
2. 企业应掌握个人客户的哪些信息？
3. 企业应掌握企业客户的哪些信息？
4. 收集客户信息的渠道有哪些？

5. 客户数据库在管理客户信息上可以发挥哪些作用？

案例分析

被胡萝卜汁留住的客户

一个客户说，10年前他在丽晶酒店用餐时无意中提到他最喜欢胡萝卜汁，大约6个月后，当他再次入住丽晶酒店时，他在房间的冰箱里，意外地发现一大杯胡萝卜汁。后来，不管这个客户什么时候住进丽晶酒店，丽晶酒店都为他备有胡萝卜汁。因此，10年间，尽管丽晶酒店的房价涨了3倍多，但他还是住这个酒店，就因为每次酒店准备的胡萝卜汁。

丽晶酒店之所以能培养出这样忠诚的客户，原因之一是它详尽掌握了客户的信息（如收集和储存客户爱喝胡萝卜汁的信息）。丽晶酒店建立了一个信息量够大的客户数据库，它将客户的姓名、生日、家人情况、工作单位、工作性质、爱吃的东西、爱听的歌、喜爱的颜色、什么时间来酒店、住了几天、每次住宿的价位在什么范围、每次都住什么类型的房间、喜欢的温度和湿度是多少、喜欢什么样的环境等信息输入客户数据库，这样它就对客户的信息了如指掌，进而就可以为客户提供更好的服务，使客户满意。

【思考与讨论】

1. 丽晶酒店是如何进行客户服务的？
2. 该酒店的做法对其他企业有何启示？

项目实训

【实训内容】

根据本项目知识，结合小张摄影工作室的背景，完成以下实训任务。

（1）学生分为5个小组，每个小组需要从指定来源（如在线表单、社交媒体、客户反馈等）为小张摄影工作室收集客户信息，确保信息的准确性和完整性。

（2）将收集到的客户信息存储到一个数据库中，确保数据的安全，保护数据隐私。

（3）将客户按照地理位置、购买历史、偏好等进行分类。

（4）使用数据库工具管理客户信息，包括添加、更新和删除信息。

（5）对数据库中的客户信息进行分析，以识别潜在市场趋势、客户需求和机会。

（6）制定基于客户信息的有针对性的市场策略，如个性化推荐、定向广告等策略。

（7）讨论客户信息管理中的伦理和合规问题，并制定客户信息管理策略，保护客户隐私。

每个小组根据以上内容制作一份客户信息管理与分析报告，汇总实训成果，包括信息收集、分类、分析、市场策略制定和合规方面的内容，并进行展示。

【实训评价】

任务完成后进行课堂展示，班级进行小组自评、小组互评和教师评价。实训评价表如表4-1所示。

表 4-1　实训评价表

评价标准	小组自评（30%）	小组互评（30%）	教师评价（40%）
能够按照实训要求完成所有实训任务（40分）			
报告内容全面、准确（30分）			
达到团队协作、职业规范与职业素养目标（15分）			
学生课堂整体表现与活跃度（15分）			

拓展延伸

【拓展 4-1】

查看配套资源中的知识拓展，概括你学习的要点。

知识拓展

设计客户信息档案的常用工具

【拓展 4-2】

查看配套资源中的知识拓展，概括你学习的要点。

知识拓展

数据库管理的注意事项

项目五

客户分级

多彩知识树

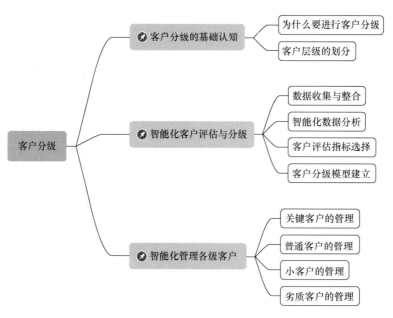

```
                              ┌─ 为什么要进行客户分级
         ┌─ 客户分级的基础认知 ─┤
         │                    └─ 客户层级的划分
         │
         │                    ┌─ 数据收集与整合
         │                    │
         │                    ├─ 智能化数据分析
客户分级 ─┼─ 智能化客户评估与分级 ─┤
         │                    ├─ 客户评估指标选择
         │                    │
         │                    └─ 客户分级模型建立
         │
         │                    ┌─ 关键客户的管理
         │                    │
         │                    ├─ 普通客户的管理
         └─ 智能化管理各级客户 ─┤
                              ├─ 小客户的管理
                              │
                              └─ 劣质客户的管理
```

课前小故事

老客户终于受到重视：中国联通推新分级服务规则

一直以来，三大通信运营商为了获得更多的市场份额和客户资源，在各种营销政策的制定上，基本上都倾向于发展新客户，基本没有专门针对老客户的福利政策。所以，通信行业存在一个怪现象：入门越早的客户，使用着越贵的套餐，享受着普通的服务，而新客户却能享受通信运营商的各种优惠。

不过进入 5G 时代后，随着国家主管部门对通信市场的整治，三大运营商的竞争趋向于平和，不再为了市场大打价格战；而且 5G 资费基本一致，客户的选择不再以价格为主要衡量标准，而是以服务为选择去留的关键。

因此，各运营商也推出相应关爱老客户的举措。例如，中国联通发布新分级服务规则，在整合原有服务体系后，面向老客户推出了一系列专属服务。针对网龄越长、消费情况越优质的客户，会提供越多的差异化专属高价值服务。客户星级最高为五星，客户星级越高，可享受的服务权益越多。

一星至三星客户，只能拨打 10010 客服热线，其提供联通手机、宽带、固定电话、无线上网卡等业务的咨询、受理及投诉等服务，客户拨打时面临排队等情况。四星及以上客户有优先接入权限，能更快接通客服热线。而最高星级的客户，则可以直接打 10018 专线，有专属服务经理为其服务，客户可以享受到通信、休闲、娱乐、旅游、金融、保险、交通等各种通信内、通信外信息服务，获得更多专业化、个性化、差异化服务。

另外，从具体的服务项目来看，表面上看好像区别并不大，但事实上是以成本的高低为提供服务的依据的。

例如，10010 人工服务是需要话务员来支撑的，运营商不可能聘请过多话务员来保证所有客户 24 小时拨打 10010 都可以接通，那样成本太高。并且，客户拨打 10010 有高峰期和低谷期，如果为了在高峰期保证 80%的接通率聘请很多人，那么低谷期他们就会空闲。

所以，运营商会在成本和接通率上做平衡，显然，高峰期是无法保证 100%的接通率的。当低价值客户和高价值客户同时拨打时，运营商会优先保证高价值客户的接入。

学习目标

知识目标

1. 了解为什么要进行客户分级。
2. 掌握不同层级客户的占比及特点。
3. 理解并掌握不同层级客户的管理方法。

能力目标

1. 能够制定客户分级的标准。
2. 能够制定不同层级客户的管理方法并进行管理。
3. 能够进行会员制管理。

 素养目标

1. 培养成本意识与差异化服务理念。
2. 践行社会主义核心价值观。

任务一　客户分级的基础认知

情景任务

通过上一项目的学习，小张已经了解了要获取哪些客户信息，并且通过多种渠道有针对性地获取了企业客户的重要信息，进行了客户信息管理。接下来小张向他的老师胡教授请教，胡教授对小张提出了以下建议：熟悉了客户信息后你需要根据客户信息进行客户分级。那么为什么要进行客户分级呢？到底如何进行客户分级呢？请同学们在学习了相关知识后帮助小张进行客户分级吧！

本任务点目标：理解为什么要进行客户分级；

　　　　　　　掌握客户金字塔模型；

　　　　　　　能够按照一定的标准进行客户分级。

客户分级是指企业依据客户对企业的价值和重要程度，将客户区分为不同的层级，从而为企业的资源分配提供依据。

一、为什么要进行客户分级

（一）不同客户带来的价值不同

调查发现，多数业务员对所有客户"一视同仁"，重要客户并未得到更多、更好的服务。事实上，不同的客户带给企业的价值不同。

经济学家维尔弗雷多·帕累托提出了在经济及社会生活中普遍存在的二八法则，即"关键的少数"和"次要的多数"的比例约为 2∶8，80%的结果往往源于 20%的原因。对企业来说，企业 80%的收益总是来自 20%的高贡献度客户，即少量的客户为企业创造了大量的利润，其余 80%的客户带来的是微利、无利，甚至是亏损。相关研究结果表明：客户有大小，贡献有差异。

（二）不同价值的客户对企业的心理预期不同

每个客户为企业带来的价值不同，他们对企业的需求和预期也会有差别。为企业提供的价值较低的客户对企业的产品和服务预期相对较低；为企业提供的价值较高的关键客户对企业的产品和服务预期较高，他们期望能得到有别于普通客户的待遇，如贴心服务等。

如果企业不加区别地对待所有客户，无论是大客户、中等客户还是小客户，无论是能带来盈利的客户，还是无法带来盈利甚至造成亏损的客户，那么在一定程度上会造成企业

资源的浪费，导致企业成本增加、利润降低。同时，高端客户的现实感受低于自身的预期，也会对企业不满意，甚至流失。

企业如果能区分出对企业利润贡献大的那部分客户，然后为他们提供有针对性的服务，他们就可能成为企业的忠实客户，从而持续不断地为企业创造更多的利润；同时适当降低对低价值客户的服务成本，低价值客户本身对企业预期较低，适当降低服务成本不至于使低价值客户不满，从而让所有客户满意。

（三）客户分级是使客户满意的前提

由于不同客户的满意度标准不同，因此使客户满意的前提是进行客户分级，针对不同客户采取不同的沟通与服务策略。

约20%的客户为企业创造了80%的收入和利润，支撑着企业的运营，成为众多竞争者锁定的稀缺资源。如果企业把更多的资源用在最有价值的客户身上，就能够提高他们的满意度。否则，一旦竞争对手争夺最有价值的客户，企业就可能失去这些客户。

总之，企业必须对客户进行分级，针对不同层级的客户实施不同的策略，才能强化与高价值客户的关系，降低为低价值客户服务的成本，从而在实现客户利益最大化的同时实现企业利润最大化。

二、客户层级的划分

企业根据客户给企业创造的利润和价值，按由小到大的顺序"垒"起来，可得到客户金字塔模型。给企业创造的利润和价值最大的客户，位于客户金字塔模型的顶部，给企业创造的利润和价值最小的客户，位于客户金字塔模型的底部，如图5-1所示。根据客户金字塔模型，可将客户划分为3个层级：关键客户、普通客户和小客户。

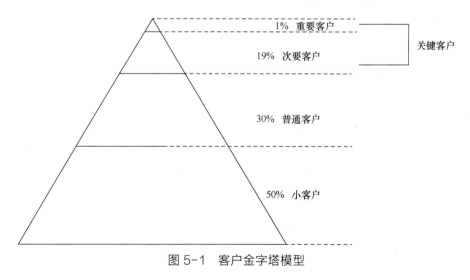

图5-1 客户金字塔模型

（一）关键客户

关键客户是企业的核心客户，占企业客户总数的20%，他们贡献了80%的利润，是企业的重点保护对象，关键客户包括重要客户和次要客户。

1. 重要客户

重要客户处于客户金字塔模型的最高层，是能够给企业带来最大价值的客户。重要客户往往对企业忠诚，是企业客户中最稳定的，他们为企业创造了绝大部分利润，而企业却只需支付较低的服务成本。他们对价格不敏感，也乐意试用新产品，还可向企业介绍新客户，为企业节省开发新客户的成本。他们不但有很高的当前价值，而且有巨大的增值潜力，其业务总量在不断增加，未来在增量销售等方面仍有较大潜力。

重要客户是最有吸引力的一类客户，企业拥有重要客户的数量，决定了其在市场上的竞争地位。

2. 次要客户

次要客户是除重要客户以外，给企业带来最大价值的客户。这类客户忠诚度没有重要客户高，但只要企业培养起他们的忠诚，他们就会成为最具成长潜力的客户。

次要客户是企业产品或服务的高频使用者，他们对价格的敏感度相对较高。他们没有重要客户那么忠诚，为了降低风险，他们会同时与多家同类型的企业保持长期关系。他们也会真诚、积极地为企业介绍新客户，但在增量销售、交叉销售方面已没有多少潜力可挖掘。

（二）普通客户

普通客户是除重要客户、次要客户外，为企业创造最大价值的客户。普通客户数量较多，但他们的购买力、忠诚度比不上重要客户与次要客户，企业不能为其分散太多资源和关注。

（三）小客户

小客户处在客户金字塔最低层，小客户的购买量不多，忠诚度也很低。客户数量金字塔和客户利润倒金字塔，体现了客户类型、数量分布和创造利润能力之间的关系，如图 5-2 所示。

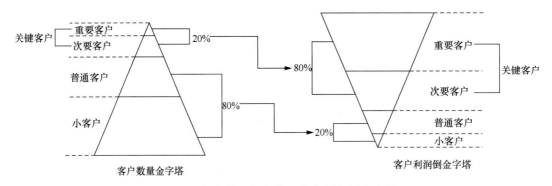

图 5-2　客户数量金字塔和客户利润倒金字塔

客户金字塔模型包含重要的思想，即企业应重视利润贡献最大的关键客户，为关键客户提供最优质的服务、配置最强大的资源，加强与关键客户的合作关系，从而使企业的盈利能力最大化。

课堂案例

查看配套资源中的课堂案例，谈谈雅戈尔服饰是如何进行客户分级的。

课堂案例

雅戈尔服饰的客户分级

_____

_____

_____

任务二 智能化客户评估与分级

情景任务

在上一任务中，小张学习了客户分级的基础认知，了解了为什么要对客户分级及如何进行基础分级。然而，在实际运营中，手动分级效率低，且难以精准评估客户价值。因此，本节课小张将探索智能化客户评估与分级，利用数据分析和 AI 技术，实现更精准、高效的客户管理。让我们一起学习如何用智能工具优化客户分级策略吧！

在现代营销中，智能化客户评估与分级是提高客户管理效率和精准营销的重要策略。通过智能化客户评估与分级，企业可以更好地了解客户价值、需求和行为，从而有针对性地制定营销策略和分配资源，提高客户满意度和企业盈利能力。以下是智能化客户评估与分级的具体步骤。

一、数据收集与整合

首先，企业可以利用智能化渠道收集与客户相关的数据。数据可以来自多个渠道，如 CRM 系统、网站分析工具、销售记录等。

（1）CRM 系统。企业可以利用 CRM 系统记录客户的基本信息、交易历史、客户服务记录等。通过 CRM 系统，企业可以快速查找和分析客户数据。

（2）网站分析工具。使用网站分析工具如谷歌分析或百度统计等，收集客户在网站上的行为数据，包括访问页面、停留时间、点击量，以及网站交易数据等。

（3）销售记录。通过销售系统或销售报表，收集客户的购买历史、订单金额、购买频率等销售数据。

（4）社交媒体数据。如果企业在社交媒体上有活跃的业务，可以收集客户在社交媒体上的互动行为数据，如点赞、评论、分享等数据。

（5）调查问卷和反馈。通过发送调查问卷或收集客户反馈，了解客户对产品或服务的满意度、偏好和建议，补充客户行为数据。

收集数据后，利用智能化技术，对收集到的客户数据进行清洗和预处理，包括去除重复数据、填补缺失值、处理异常值等，确保数据的准确性和完整性。

最后，利用数据挖掘技术和机器学习算法，对数据进行特征提取和转换，将原始数据转化为可用于建模的数据。

二、智能化数据分析

智能化数据分析是利用数据分析技术和机器学习算法对客户数据进行深度分析的过程。通过这一过程，企业可以识别客户的关键特征和行为模式，挖掘客户数据的规律和潜在价值。

（一）探索性数据分析

探索性数据分析是对数据进行可视化和探索的过程，以了解数据的基本结构和特征。在这一过程中，企业可以通过绘制直方图、箱线图、散点图等来展示数据的分布和变化趋势，进而发现异常值和缺失值。

（二）统计分析

统计分析是对数据进行统计量计算和推断性分析的过程，旨在揭示数据之间的关系和差异。统计分析可以用来计算客户的平均购买频率、购买金额的方差，还可以用来分析不同客户群体之间的差异等。

（三）机器学习算法

机器学习算法是智能化数据分析的核心，通过训练模型来挖掘数据模式和规律。企业可以使用聚类算法将客户分成不同的群体，使用分类算法来预测客户的购买行为，使用关联规则挖掘客户之间的关联性，等等。

（四）数据可视化

数据可视化是将分析结果通过图表、图形等形式展示出来，以便更直观地理解数据。企业可以利用 Tableau、Power BI 等数据可视化工具将客户行为数据可视化，如绘制购买频率的直方图、购买金额的散点图等，以便发现客户群体之间的差异和规律。

三、客户评估指标选择

客户评估指标选择是指企业基于业务需求和客户特征，选择合适的客户评估指标。常见的客户评估指标包括购买频率、购买金额、回购率、客户满意度、投诉率等。

（1）购买频率指客户在一定时间内（一般是 1 年）的购买次数，反映客户的购买活跃度和忠诚度。通常购买频率越高，对品牌忠诚度越高。

（2）购买金额指客户在一定时间内（通常是 1 年）的总购买金额，反映客户的消费能力和付费意愿。通常购买金额越高，给企业创造的收入和利润越高。

（3）回购率指客户再次购买的比率，反映客户的忠诚度和复购倾向。购买回购率越高，客户的忠诚度越高。

（4）客户满意度指客户对企业产品或服务的满意程度，企业可以通过问卷调查等方式收集客户反馈来评估客户满意度。

（5）投诉率指客户对企业产品或服务的投诉比率，企业可以通过统计客户投诉数量来评估投诉率。

根据这些指标，企业可以建立客户评估模型，对客户进行评估和分级，从而更好地了解客户价值和行为，制定相应的营销策略和服务方案。

四、客户分级模型建立

建立客户分级模型是根据客户评估指标和智能化数据分析结果将客户分为不同层级的过程，以便企业更好地了解客户的价值和行为，制定相应的营销策略和服务方案。下面介绍几种常用的客户分级模型。

（一）RFM 模型

在众多的客户分级模型中，RFM 模型被广泛应用。企业通过购买时间、购买频率、购买金额这 3 个指标的综合评分，可以将客户分为不同层级。

- 重要价值客户：最近一次购买时间近、购买频率和购买金额都很高的客户，是企业的优质客户，需要重点服务。
- 重要保持客户：最近一次购买时间较远，但购买频率和金额都很高的客户，是企业的重点客户，需要企业重点维持。
- 重要发展客户：最近一次购买时间较近、购买金额高，但购买频率较低的客户，是企业的重点客户，需要企业唤醒召回。
- 重要挽留客户：最近一次购买时间较远、购买频率较低，但购买金额高的客户，是企业的重点客户，需要企业给予挽留措施。
- 一般价值客户：最近一次购买时间近、购买频率高，但购买金额较低的客户，需要企业重点挖掘。
- 一般保持客户：最近一次购买时间较远，购买金额较低，但购买频率高的客户，有推广价值。
- 一般发展客户：最近一次购买时间较近，但购买频率、购买金额较低的客户，对企业贡献不大，一般维持。
- 一般挽留客户：最近一次购买时间较远、购买频率较低、购买金额较低的客户，是企业已经流失或即将流失的客户。

（二）客户生命周期价值模型

客户生命周期价值模型通过预测客户未来一段时间内的价值来对客户进行分级。该模型结合了客户的历史行为和未来预测，以衡量客户对企业的长期价值。客户生命周期价值模型将客户分为不同层级。

- 高价值客户：未来对企业贡献价值高的客户，具有较高的购买潜力和忠诚度。
- 中等价值客户：未来对企业贡献价值中等的客户，需要重点关注和培养。
- 低价值客户：未来对企业贡献价值较低的客户，需要采取措施提高其购买力和忠诚度。

（三）预测分析模型

预测分析模型利用机器学习算法和统计分析对客户未来行为进行预测，从而对客户进行分级。使用这种模型时，企业可以根据不同的业务场景和需求选择不同的算法，如决策树、逻辑回归、随机森林等。

预测分析模型将客户分为不同层级。

- 潜在高价值客户：预测未来会成为高价值客户的客户群体。
- 稳定客户：预测未来会保持稳定购买行为的客户群体。
- 流失风险客户：预测未来可能会流失的客户群体，需要采取措施挽留。

 任务三　智能化管理各级客户

情景任务

在上一任务中，小张在同学们的帮助下，按照行业和企业的具体标准及客户金字塔模型完成了客户分级。接下来小张应该如何对各级客户进行管理呢？小张应该如何最高效率地利用有限的企业资源，提高客户满意度和忠诚度呢？请同学们学习完相关知识后帮忙制定具体的管理策略吧！

本任务点目标：掌握如何管理关键客户；
　　　　　　　掌握如何提高普通客户价值；
　　　　　　　掌握如何有效改造小客户；
　　　　　　　掌握如何技巧性地淘汰劣质客户。

企业应依据客户带来的利润和价值，在客户分级的基础上，设计不同的客户服务和管理项目，将重点放在为企业提供80%利润的关键客户上，为他们提供优质的服务，从而维系他们对企业的忠诚；同时，积极提高其他各级客户在客户金字塔模型中的层级，从而使企业资源与客户价值得到有效的平衡。

一、关键客户的管理

关键客户管理的目标，是提高关键客户的忠诚度，并且在"保持关系"的基础上，进一步提升关键客户给企业带来的价值。为此，企业要做到以下四方面。

（一）为关键客户提供独特价值

客户对价值的预期是在不断提高的，如果企业不能持续地提供达到客户预期的价值，而其他企业提供的价值达到或超过了客户的预期，那么该企业将无法赢得客户的忠诚。企业应该如何为客户提供独特的价值呢？

充分识别客户需求是企业提供独特价值的前提。客户的需求特征不仅包括一些"公共特征"，如品质优良、交货及时、性价比高等，而且包括某些"个性特征"，如售后服务、技术支持、解决方案等的个性化。也就是说，企业要为客户提供差异化的价值。随

着市场竞争日益激烈，买方市场已经成型，客户已经处于优势地位，个性化产品和服务已经成为必然要求。

（二）集中优势资源服务于关键客户

为了进一步提高企业的盈利水平，企业应遵循二八法则：要为 20% 的客户付出 80% 的努力，即企业要将有限的资源用在前 20% 的最有价值的客户上，也就是为企业创造 80% 利润的关键客户上。

为此，企业应该保证对关键客户有足够的投入，优先为关键客户配置最多、最好的资源，加大对关键客户的服务力度，采取倾斜政策加强对关键客户的营销工作，并提供"优质、优先、优惠"的个性化服务，从而提高关键客户的满意度和忠诚度。

除为关键客户优先提供服务、提供能令其满意的产品外，还要主动提供售前、售中、售后的全程、全面的服务，以及有针对性、个性化、一对一、精细化的服务，甚至可以邀请关键客户参与企业产品或服务的研发、决策，从而更好地满足关键客户的需要。

企业还要准确预测关键客户的需求，为他们提供能为其带来最大效益的全套方案，持续不断地向他们提供超预期的价值，给关键客户更多的惊喜。

另外，企业还要增加给关键客户的财务利益。企业可为关键客户提供优惠的价格和折扣，灵活的支付条件和安全便利的支付方式，并且适当放宽付款时间限制，甚至允许关键客户在一定时间内赊账，目的是奖励关键客户的忠诚，提高其流失成本。

（三）通过沟通和情感交流，加强双方的关系

1. 有计划地拜访关键客户

有良好业绩的企业，营销主管每年大约有 1/3 的时间在拜访客户，关键客户是他们拜访的主要对象。对关键客户的定期拜访，有利于企业熟悉关键客户的经营动态，并且能够及时发现问题和解决问题。

2. 智能化收集关键客户的意见与建议

企业可以采用多种智能化途径收集关键客户的意见和建议，利用自然语言处理和情感分析技术对反馈数据进行智能化处理和分析。根据关键客户的反馈及时调整产品或服务，提高关键客户的信任度与满意度。

此外，企业高层要经常性地征求关键客户的意见。例如，每年组织一次企业高层与关键客户的座谈会，听取关键客户对企业的产品、服务等方面的意见和建议，对企业下一步的发展计划进行研讨，等等。这有益于企业与关键客户建立长期、稳定的战略合作伙伴关系。

处理投诉是企业向关键客户提供售后服务的必要环节，企业要积极建立有效的投诉处理机制，优先、认真、迅速地处理关键客户的投诉。

3. 充分利用各种手段与关键客户沟通

企业要充分利用各种手段，与关键客户持续互动和建立智能化沟通渠道，包括电子邮件、短信、社交媒体等。主动与关键客户进行有效沟通，真正了解他们的需求，甚至了解他们购买决策的偏好，增强客户与企业之间的联系。

企业应利用一切机会，例如，在关键客户举办开业周年庆典，获得特别荣誉或者有重大商业举措的时候，表示祝贺与支持，这些都能加深企业与关键客户之间的感情。

（四）成立为关键客户服务的专门机构

企业成立一个专门服务于关键客户的机构，有利于企业对关键客户管理的系统化、规范化。关键客户服务机构要负责联系关键客户，要给重要的关键客户安排一名优秀的客户经理并长期固定地为其服务，对规模较小的关键客户可以为几个客户安排一个客户经理。

关键客户服务机构要为企业高层提供准确的关键客户信息，包括关键客户相关人员的个人资料，并协调技术、生产、企划、销售、运输等部门，根据关键客户的不同要求设计不同的产品和服务方案。

关键客户服务机构还要利用客户数据库分析关键客户的交易历史，注意了解关键客户的需求和采购情况，及时与关键客户就市场趋势、合理的库存量进行商讨。在销售旺季到来之前，要协调好生产及运输等部门，保证在旺季对关键客户的供应，避免缺货导致关键客户不满。

对关键客户的服务与管理是一项涉及部门多、要求非常细的工作，只有调动企业的一切积极因素，形成客户导向特别是关键客户导向的组织文化，才能做好这项工作。

二、普通客户的管理

普通客户，又称为低贡献率客户，这类客户对企业利润的贡献很低。因此企业要在保留这类客户的基础上，让一部分普通客户上升为关键客户。对普通客户的管理主要强调提高层级和控制成本。

（一）针对有升级潜力的普通客户，努力培养其成为关键客户

首先，对于有潜力升级为关键客户的普通客户，企业可以通过引领、创造、增加普通客户的需求，来提高他们的贡献度。

企业若能让普通客户购买得更多，就能获得更多的利润。企业要设计鼓励普通客户消费的项目，如常客奖励计划，对一次性或累计购买达到一定标准的客户给予相应层级的奖励，或者让其参加相应层级的抽奖活动等，以鼓励普通客户购买更多的产品或服务。

其次，为了使普通客户能够顺利地升级为关键客户，企业还可以提供必要的支持，以壮大普通客户的实力，进而增加其对企业的需求和贡献。

最后，企业还可根据普通客户的需要扩充相关的产品线，或者为普通客户提供"一条龙"服务，以充分满足他们的潜在需求，这样就可以增加普通客户的购买量，提高他们的层级，使企业进一步获利。

总之，对于有升级潜力的普通客户，关键是以鼓励、刺激的方法去引导普通客户消费，增强他们对产品的认同感。企业要制订周密、可行的升级计划，通过自己的一系列努力，使普通客户为企业创造更多的价值。

（二）针对没有升级潜力的普通客户，减少服务，降低成本

针对没有升级潜力的普通客户，企业可以采取"维持"战略，在人力、财力、物力等方面，不增加投入，甚至减少促销，以降低成本。企业可以建立一个客户自助办理业务系统，提高办理速度，降低服务这类客户的隐性成本，如移动营业厅有自助查询和缴费系统。企业还可以缩减对普通客户的服务时间、服务项目、服务内容，甚至不提供任何附加服务。

从提升客户价值着手，降低服务这类客户的隐性成本。

三、小客户的管理

一般客户，也可称之为低贡献率客户。这类客户不管是对企业利润的贡献，还是对产品或服务宣传的价值都很低。企业必须在保留这类客户的基础上，让一部分客户上升为普通客户。

（一）针对有升级潜力的小客户，要努力培养其成为普通客户甚至关键客户

企业应给予有升级潜力的小客户更多的关心和照顾，挖掘其升级的潜力，从而将其培养为普通客户甚至关键客户。

首先，从提升客户价值着手，降低服务这类客户的隐性成本。企业可以建立客户自助办理业务系统，提高办理速度，降低服务他们的隐性成本。

其次，企业可以制订消费奖励计划，如消费积分，这是一种比较有效的刺激手段，客户等级不同，积分奖励也不同。

最后，企业可以邀请一些客户参与活动，客户若看到其他客户的等级比自己高，可能会想要提高自己的等级。

因此，对待这类客户的关键是以鼓励、刺激的方法去引导，增强他们对产品的认同感。

（二）针对没有升级潜力的小客户，可提高服务价格、降低服务成本

首先，向小客户收取一定的服务费用，这样就会增加企业收入；还可以向小客户推销高利润的产品，从而使其变成有利可图的客户。

其次，降低为小客户服务的成本。一是适当限制为小客户提供服务的内容和范围。二是运用更经济的方式提供服务，如从原来面对面的直接销售方式转为电话销售，这样不仅能保证销售收入，也能减少成本，提高利润水平。

处于客户金字塔模型最底层的小客户，察觉到自己所受的待遇不如较高层的客户时有可能会被激怒。为了避免出现这种不愉快的局面，企业可把为不同层级客户提供的服务，从时间上或空间上分割开来。

四、劣质客户的管理

实践证明，并非所有的客户关系都值得保留。有些客户只能给企业带来极少的利润，甚至带来负面影响。这类劣质客户制造的麻烦远大于价值，他们会吞噬、蚕食企业的利润。为他们提供服务，往往会得不偿失，因此要选择性地淘汰这类客户。

企业在客户管理中应通过评估、调整和优化策略来逐步淘汰劣质客户。首先，建立客户评估体系，依据购买频率、付款记录、售后需求合理性及品牌忠诚度等因素筛选低价值客户。针对贡献度低的客户，可提高最低消费门槛、减少折扣优惠，并通过 VIP 机制优先服务高价值客户，使劣质客户自然流失。同时，优化销售及售后政策，如调整退换货机制、限制恶意投诉客户的特殊服务权限。对于长期拖欠款项或严重影响运营的客户，可依据合同条款终止合作或采取法律措施。通过这些手段，企业可集中资源于高价值客户，提高整体盈利能力。

企业针对不同层级的客户，采取分级管理和差异化管理措施，可以使关键客户享受企业提供的特殊待遇，并激励他们努力保持这种地位；同时，刺激有潜力的普通客户向关键客户转化，鞭策有潜力的小客户向普通客户甚至关键客户转化，技巧性地淘汰劣质客户。这样就可以使企业在成本不变的情况下，获得可观的利润，这就是对客户进行分级管理的理想境界。

企业还可以定期对客户分级模型进行评估与调整，根据市场变化和客户行为调整评估指标和分级标准。持续优化客户分级模型，保持其有效性和实用性。

通过智能化管理各级客户，企业可以更好地了解客户群体，精准把握客户需求，提升客户体验、提高忠诚度，实现营销的个性化和精细化管理。

课堂案例

查看配套资源中的课堂案例，谈谈建设银行是如何进行客户分级的。

课堂案例

建设银行星级服务介绍

_____

_____

_____

技能测试

一、不定项选择题

1. RFM 模型的关键指标是（　　）。

   A. 最近一次购买时间   B. 购买频率

   C. 购买数量   D. 购买金额

2. 在客户分级管理中，二八法则是指（　　）。

   A. 企业 80%的销售额来自 20%的客户

   B. 企业有 80%的新客户和 20%的客户

   C. 企业 80%的员工为 20%的客户服务

   D. 企业 80%的利润来自 20%的客户

二、判断题

1. 企业应当对所有客户一视同仁。 （ ）

2. 对于有升级潜力的普通客户，企业要制订周密、可行的升级计划，努力使普通客户为企业创造更大价值。 （ ）

3. 客户管理中抓"大"放"小"是指只服务好大客户，放弃中小客户。 （ ）

三、思考题

1. 为什么要对客户进行分级？

2. 如何对客户分级？

3. 如何管理各级客户？

4. 什么是客户分级管理的理想境界？

案例分析

中国工商银行客户分级

中国工商银行对个人客户按贡献星级细分为七星级客户、六星级客户、五星级客户、四星级客户、三星级客户和准星级客户六大类。

重要客户：七星级客户处于金字塔最高层，是银行的重要客户。他们对银行比较忠诚，是银行客户资产中最稳定的部分，他们为银行创造了绝大部分和长期的利润。

次要客户：六星级客户是银行产品的中度使用者。相对于七星级客户来说，他们对价格的敏感度比较高，因而为银行创造的利润和价值没有重要客户那么高，但也是银行利润来源的重要组成部分。

普通客户：五星级客户的数量比较大，但是他们的购买力、忠诚度和能够带来的价值远比不上七星级、六星级客户。

小客户：准星级客户、三星级客户、四星级客户是处于金字塔最底层的客户，其为银行利润所做的贡献比较小，忠诚度也比较低，偶尔在银行办理业务，消耗银行的资源。

中国工商银行对关键客户的管理投入了大部分的资源，确保能够留住这些大客户。

首先，为关键客户提供私人银行服务，在全面满足关键客户现金管理、投资理财、贷款融资、银行卡等金融服务需求的基础上，重点为其提供委托资产、遗产、房地产等资产的管理服务，保险咨询与计划等特色服务，以及优先服务、优惠服务、专属客户经理服务、高级特惠商户等增值服务。

其次，推出"财""智""尊""享"四大系列财富管理专属服务，包括财富规划服务、资产管理服务、账户管理服务、理财顾问服务、财富资讯服务、贵宾通道服务、专享费率服务、专属介质服务、环球金融服务等。

普通客户是占企业客户比例较大的客户，因此中国工商银行为其提供的服务也比较周到。

首先，为其提供理财金账户"六专"服务，即专属贵宾通道、专享费用优惠、专家理财服务、专供理财产品、专业账户管理、专有精彩活动。

其次，提供个人消费信用贷款额度自动授信服务，银行自行设置各级客户基础授信额度，让客户根据自身需要决定是否使用该额度，进一步拓宽客户融资渠道。

由于小客户给银行带来的利润较少，且不稳定，因此中国工商银行为其提供比较基础的服务。

（1）提供储蓄存款、个人住房按揭贷款、个人消费贷款、投资理财产品、银行卡、代收代付、结算汇款、理财咨询、账户管理、电子银行等个人金融服务。

（2）配发信用卡普卡，客户可享受信用卡普卡特惠商户优惠等增值服务。

（3）服务渠道：主要通过一般理财中心、网上银行普通版、95588 服务专线、手机银行、自助银行等渠道为小客户提供服务。

【思考与讨论】

1. 中国工商银行是如何对客户进行管理的？
2. 这个案例对其他企业有何启示？

项目实训

【实训内容】

以情景任务中小张摄影工作室的创业情况作为实训背景，结合本项目的重点知识，根据客户为摄影工作室所做的贡献，为小张制定具体的客户分级策略，并针对不同的客户等级制定不同的客户服务策略。每 3～5 人为一个小组，合作完成实训任务。

（1）根据客户金字塔模型确定小张摄影工作室的客户划分为哪些层级。

（2）掌握客户分级的比例分配，保证不同层级的客户的数量合理。

（3）确定不同的客户层级的划分标准。

（4）能够针对不同层级的客户制定不同的管理方法。

（5）能够针对不同层级的客户设计不同的服务礼遇，能保证不同层级客户享受的服务礼遇的阶梯性，且层级较高的客户享受的服务礼遇更有稀缺性和吸引力。

（6）能够制定不同层级客户的转化升级方式，引导客户升级。

【实训评价】

任务完成后以 PPT 形式进行课堂展示，班级进行小组自评、小组互评和教师评价。实训评价表如表 5-1 所示。

表 5-1　实训评价表

评价标准	小组自评（30%）	小组互评（30%）	教师评价（40%）
能够按照实训要求完成所有实训任务（30分）			
客户分级比例协调、标准合理（20分）			
不同层级的客户享受的待遇具有差异性（20分）			
达到团队协作、职业规范与职业素养目标（15分）			
课堂展示真实、全面、深刻、流畅（15分）			

拓展延伸

【拓展 5-1】

查看配套资源中的知识拓展，谈谈信用卡是如何进行客户等级划分的。

_____

_____

_____

知识拓展

信用卡客户等级划分

【拓展 5-2】

查看配套资源中的知识拓展，概括你学习的要点。

_____

_____

_____

知识拓展

客户分层与客户分群

项目六

客户沟通

多彩知识树

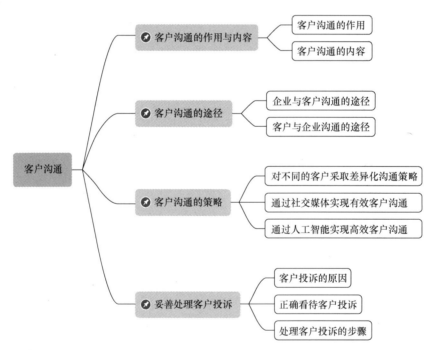

惠普：与客户沟通

惠普公司通过与客户真诚地沟通赢得了客户的满意和信赖。

1. 及时联系客户

（1）当客户联系 ASC（After-sales Service Center，售后服务中心）时，工程师若不在办公室，在接到报修电话 1 小时内，工程师要主动联系客户。

（2）当客户联系 CCC（Customer Contact Center，客户联络中心）时，ASC 要在接到下派单 30 分钟内联系客户。

2. 沟通更有效

（1）每个 ASC 都设有专用电话，在中午有专人接听电话。

（2）当客户打来电话时，工作人员首先要说："你好，惠普金牌服务！"然后报上自己的姓名及联系电话。

（3）了解客户所需的服务及关注点，以便能提供超值服务。

（4）主动询问客户所使用的机器是否有其他的问题。

3. 兑现承诺

（1）维修中心工作人员应说到做到，包括服务响应时间、维修周期和维修质量等方面。

（2）若出于特殊客观原因不能兑现承诺，要积极主动与客户沟通，并道歉。

（3）遵守惠普公司对维修周期的规定。

（4）对金牌服务客户，按金牌服务内容提供服务。

知识目标

1. 了解客户沟通的作用与内容。
2. 理解企业与客户沟通、客户与企业沟通的途径。
3. 掌握企业与客户沟通的策略。
4. 了解客户投诉的原因。
5. 掌握处理客户投诉的方法。

能力目标

1. 能够建立并完善企业与客户沟通的渠道。
2. 能够建立并完善客户与企业沟通的渠道。
3. 能够与客户进行恰当的沟通。
4. 能够恰当解决客户投诉的问题。

素养目标

1. 培养良好的职业道德，积极践行社会主义核心价值观。
2. 培养在客户服务中精益求精的工匠精神与服务理念。
3. 培养处理客户投诉时的担当感与责任感。
4. 培养包容尊重客户、积极沟通、遵纪守法的素养与良好的商务礼仪。
5. 培养坚守初心、诚实守信、服务客户的意识。

任务一　客户沟通的作用与内容

情景任务

小张在上一项目的学习中对客户进行了分级。之后小张再次向胡教授请教接下来需要注意的事项，胡教授对小张提出了以下建议：在进行智能客户服务实务的过程中做好客户沟通工作非常重要。那么为什么要进行客户沟通呢？接下来小张将跟随大家一起来探寻这个答案。

本任务点目标：理解客户沟通的重要性。

一、客户沟通的作用

通过与客户沟通，企业可以向客户传递企业产品或服务的信息，向客户介绍企业的宗旨和理念，让客户了解企业的经营意图，也可以向客户传达和宣传相关政策。企业可以通过与客户沟通积极征求客户对企业产品或服务等方面的意见和建议，了解客户的期望，加强与客户的情感交流。

（一）客户沟通是使客户满意的基础

企业应经常与客户沟通，以了解客户的实际需求和期望。尤其是当企业出现失误时，有效的沟通有助于获得更多客户的谅解，减少或消除客户的不满。一般来说，企业与客户之间的售后沟通可以减少退货的发生。

例如，通用汽车的做法是向新客户发送一封祝贺信，祝贺客户选择了一辆好车，并说明了通用汽车可以提供的售后服务；同时，利用广告宣传其他客户对产品的看法及满意度。在节假日，通用汽车会给客户送贺卡，但内容不会提到企业开发了什么新产品（否则就有急功近利的嫌疑），所以客户在买车时，自然会想到通用汽车。

根据美国市场营销协会的研究，在客户不满意的原因中，三分之一的不满意是由于产品或服务本身的问题，其余三分之二的不满意是由于企业与客户之间的沟通不良。由此可见，客户沟通是使客户满意的重要手段，企业只有加强与客户的联系和沟通，才能与客户建立良好的关系。

（二）客户沟通是维护客户关系的基础

客户沟通是影响企业与客户关系的重要因素。企业应经常与客户沟通，以传达双方长期合作的意向，展望合作前景，了解他们的需求，在沟通中加强与客户的关系，从而激发客户重复购买的意愿。

如果企业缺乏与客户的沟通，一些误解没有及时消除，那么好不容易建立的客户关系很可能会破裂。

因此，企业必须及时、主动地与客户保持沟通，建立畅通的沟通渠道，以保持良好的客户关系，赢得大量稳定的老客户。

二、客户沟通的内容

客户沟通的内容包括信息沟通、理念沟通、情感沟通、意见沟通、政策沟通。

信息沟通指企业向客户传递产品或服务的有关信息，或客户向企业反映自身的需求和要求的行为。

理念沟通指企业向客户介绍其宗旨和理念，并使客户认可和接受其宗旨和理念所采取的行动。

情感沟通指企业主动采取行动及相关措施，加强与客户的情感交流，加深客户对企业的情感依恋的行为。

意见沟通指企业主动向客户征求意见，或客户主动向企业反映其对企业的意见（包括投诉）的行为。

政策沟通是指企业向客户宣传与企业相关的政策的行为。

 任务二　客户沟通的途径

情景任务

经过上一任务的学习，小张已经明白了客户沟通的作用和沟通内容。那么，企业与客户之间应该如何进行沟通呢？企业与客户沟通又有哪些途径呢？请同学们跟随小张的脚步开始接下来的学习吧！

本任务点目标：掌握企业与客户沟通的途径；

　　　　　　　掌握客户与企业沟通的途径；

　　　　　　　能够选择合适的客户沟通方法。

一、企业与客户沟通的途径

（一）面对面与客户沟通

业务人员通过定期或不定期拜访客户，与客户面对面沟通，可以向客户介绍企业及其产品或服务的信息，也可以及时回答和解决客户的问题，对客户进行主动询问和典型调查，收集客户的投诉及改进意见，消除企业与客户之间的隔阂。很多企业已经将面对面的客户

沟通方式专门化，建立了客户经理制。

客户经理的岗位职责如下：

一是开发、发展和巩固客户关系，营销企业的产品或服务，为客户提供优质的服务。

二是采集市场、客户、竞争对手的信息，及时反馈市场需求。

三是协调企业的技术、生产、企划、销售、运输等有关部门，根据客户的不同要求设计不同的产品和服务方案，为客户提供全方位服务。

四是利用客户数据库分析客户的交易历史，了解客户的需求和采购情况，关注客户的动态，并强化跟踪管理，对已发生风险的客户实施保全措施，化解经营风险。

（二）通过官网、电商平台、新媒体平台、虚拟社区与客户沟通

随着网络技术的发展，企业可以通过官网的产品信息展示、服务展示、企业规模荣誉展示及公益项目展示来与客户沟通，体现企业实力与整体形象。企业可以通过天猫、京东等电商平台首页、详情页、客服与评论区与客户沟通。企业可以通过微信、微博、抖音、小红书、头条号等新媒体平台与客户沟通互动，提高客户活跃度，增强客户黏性。企业还可以建立虚拟品牌社区与客户进行有效沟通。

瑞幸咖啡利用平台的特点，让那些喜欢分享生活体验的人在微博、小红书上分享自己的真实体验，形成具有较大规模的"种草"和测评。通过年轻人喜欢的方式与客户进行沟通，打造年轻人高度认同的内容，以便实现口碑传播触达更多人群。

某租车公司通过忠诚俱乐部会员的私人在线社区与客户保持深入、持续、实时的联系。会员通过照片和视频分享他们的汽车租赁体验。会员的意见、想法和反馈有助于该公司改进和创新其计划和服务，实现品牌为客户提供卓越体验的承诺。自推出在线社区以来，活跃的会员数增加了 27%，该公司的收入增长了 32%。

📚 课堂案例

查看配套资源中的课堂案例，谈谈你对案例的想法。

_____

_____

_____

课堂案例

小米与客户的沟通互动

（三）通过活动与客户沟通

通过举办联谊会、创意活动、促销推广活动等，定期邀请客户参加活动，进行面对面交流。在活动营销中，人工智能技术能够帮助企业策划更精准、更有创意、更具互动性的内容。例如，耐克举办的"AI 运动挑战赛"利用 AI 分析参与者的运动数据，为每个人提供个性化训练方案，并在比赛后生成专属运动报告，极大提高了客户参与度。抖音举办的"AI 虚拟偶像演唱会"，观众可以通过 AI 定制自己的虚拟形象，并与虚拟偶像实时互动，使活动更加沉浸式。这种 AI 驱动的智能互动不仅提升了活动的吸引力，还增强了品牌传

播效果。此外，招商银行近年来也陆续推出了一系列活动，其中包括：在全国启动了"聆听您的声音"客户体验调查活动，通过客户网上答卷收集客户对银行服务和产品的需求，同时向积极献计献策的客户赠送精美礼品。另外，招商银行信用卡还推出"10元风暴""无卡支付果粉节"等促销活动。

📚 课堂案例

查看配套资源中的课堂案例，谈谈格力是如何与客户沟通的。

_____

_____

_____

课堂案例

格力秋季家装节
盛大开幕

（四）通过信函、电话、电邮、呼叫中心等方式与客户沟通

企业可以通过信函、电话、电邮等方式与客户沟通，主动向客户发送信函或打电话宣传介绍企业的产品或服务，或回答客户的问题。另外，很多企业都建立了免费热线电话和客服呼叫中心专门解决客户问题。

呼叫中心在一个相对集中的场所，由一批服务人员组成，通常利用计算机通信技术，满足来自客户的咨询需求。一个典型的以客户服务为主的呼叫中心可以兼具呼入与呼出功能，在处理客户的信息查询、咨询、投诉等业务的同时，可以进行客户回访、满意度调查等呼出业务。

（五）通过广告与客户沟通

广告形式多样，传播范围广，企业能控制发布时间或安排播出时间，充分把控信息内容。企业可以通过广告传播产品或企业信息，向潜在客户、目标客户和实际客户进行解释、说明和提醒等，使信息在客户心中留下深刻印象。广告是企业与客户沟通的重要方式之一。

但是也要注意，企业要减少广告中的功利色彩，多做公关广告和公益广告，赢得客户的青睐及好感，防止客户出现抵触情绪。

以下是几种常见的企业与客户沟通的广告形式。

1．传统广告

传统五大广告形式包括：电视、广播、报纸、杂志、户外广告。

电视广告传播迅速，覆盖范围广，对目标客户具有很强的冲击力，直观生动，表现形式多样。但总成本高，而且传递的信息量有限。

广播广告覆盖范围广，制作简单，发布及时，灵活性大且总成本小。但是没有形象效果，客户对信息遗忘率高，需要反复提醒。

报纸广告覆盖面广，制作简单，时效性强。但保留时间短，发布成本高，印刷粗糙，表现形式单一，引起客户的注目率低。

杂志广告覆盖范围较大、传阅率高、印刷精美、易于表现色彩、注目率高。但成本费用相对较高、发布不及时、版位编排缺乏灵活性。

户外广告主要包括路牌广告、招贴广告、条幅广告、霓虹灯广告、灯箱广告、空中广告、球场广告、公共场所广告、建筑物广告、车身广告、农村地区墙体广告。这类广告展示寿命长、注目率高、费用较低，但信息量有限，且表现形式单一。

2. 互联网广告

互联网广告具有传统广告无法比拟的优势，传播迅速、不受时间地域限制、表现手法多样，与客户互动性强，且成本很低。目前已经成为企业与客户沟通的重要方式。

近年来，在"做一家有温度的银行"的号召下，招商银行信用卡持续关注与客户生活中的情感共鸣，走出了一条与众不同的品牌之路。从春节离乡期间播出的网络视频短片《家的味道》，到"世界的美，我陪你"境外品牌传播活动，再到刷爆朋友圈的招行留学信用卡——《世界再大，大不过一盘番茄炒蛋》，招商银行信用卡始终与客户分享着"感动"与"理解"，让生活充满温度，从而赢得了更多客户的信任。

3. 手机短信广告

该类广告也是常用的广告沟通方式，具有成本低、发布及时等优势，可用于客户关系维护。但可信度差，90%以上的客户会反感短信广告。

4. AI智能广告

人工智能正在彻底改变广告行业，通过大数据分析和机器学习，AI可以精准预测客户行为，优化广告内容与投放渠道。例如，谷歌的AI广告投放系统可以根据客户的搜索记录、浏览习惯和社交媒体互动，自动生成个性化广告，并选择最佳时间、平台和目标客户进行投放。此外，淘宝的"千人千面"技术能够为不同客户推送个性化广告，提高客户的点击率和购买意愿。AI的介入不仅提高了广告的精准度，也降低了企业的广告成本，使品牌传播更加高效。

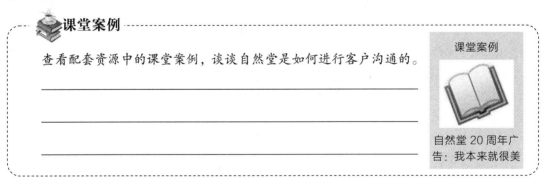

课堂案例

查看配套资源中的课堂案例，谈谈自然堂是如何进行客户沟通的。

_____

_____

_____

课堂案例

自然堂20周年广告：我本来就很美

（六）通过公共宣传及企业的自办宣传物与客户沟通

通过公共宣传与客户沟通不仅可以提高信息可信度，还可以使企业想与客户沟通的信息被免费曝光，增加对客户的影响力；但是企业对信息宣传的过程难以控制。

企业还可通过内部刊物发布企业的政策与信息，及时将企业经营战略与策略的变化信息传递给客户。这里的信息包括新产品的开发信息、产品价格的变动信息，新制定的对客户的奖励政策、返利的变化及促销活动的开展等。

此外，展览行业正在借助 AI 技术提升客户的沉浸式体验。例如，在上海博物馆，"AI 数字讲解员"能够基于客户的参观路线和兴趣点，实时提供个性化讲解，而不是单调的固定解说。此外，在很多大型展会上，AI 可以通过人脸识别和数据分析，判断客户对不同展品的兴趣，并推送相关信息或引导其参与深度互动。例如，宝马展台通过 AI 识别客户兴趣点，并推荐试驾或购车方案，使展览的营销效果更具针对性。

（七）通过包装与客户沟通

企业给客户的第一印象往往来自企业的产品，而产品给客户的第一印象不是来自产品的内在质量，而是来自产品的包装。包装是企业和客户交流的无声语言，好的包装可以吸引客户的注意力，给客户留下好的印象，激发客户的购买欲望。包装还可以传达企业对社会、对公众、对自然和环境的态度。如今，越来越多的制造商采用无污染、可生物降解或可回收的包装材料，将自己爱护环境的理念传达给客户，给客户留下了爱护环境、富有社会责任感的企业印象。

招商银行非常重视服务环境的"包装"，投入了大量资源进行营业厅环境改造，不仅使装潢靓丽时尚，还设置服务标识，配备饮料，安装壁挂电视，设置舒适的座椅，让客户可以在喝着饮料看着电视的同时，等待办理业务，并由此衍生出微笑站立服务、设置低柜服务，改变传统银行冷冰冰的形象和服务模式。进入电子银行时代，招商银行开始通过功能丰富、体验优良的手机银行或直销银行等 App "包装"触达客户，极大地方便了客户生活，满足了客户需要，提高了客户满意度。

星巴克是第一家为自带可重复使用的咖啡杯的客户提供折扣的咖啡企业，率先将 10% 的消费后纤维纳入热饮杯中，并且一直在倡导行业增加回收利用基础设施。同时，星巴克致力于探索冷饮杯的替代材料，并鼓励客户在店内饮用和使用可重复使用杯子。这其实就是星巴克与客户沟通的一种渠道，展现出该企业的环保理念。

传统的包装主要侧重视觉设计，而 AI 技术的引入使包装具备了互动功能，为客户提供更加沉浸式的体验。例如，可口可乐推出的"AI 语音互动瓶"采用智能语音识别技术，客户扫码后可与瓶身上的 AI 角色互动，获得个性化祝福或游戏体验。此外，雀巢推出的"智能包装"，通过 AI 识别客户的健康需求，推荐适合的产品或食谱。这种智能包装不仅提升了客户的参与感，还加强了品牌与客户的情感连接。

简而言之，企业和客户有各种形式的沟通方式，目的是通过定期沟通让客户了解企业的理念和宗旨。为了不断满足客户的需求，企业愿意不断提高产品和服务的品质。

（八）通过人工智能重塑客户沟通途径

AI 赋能客户沟通的方式多种多样，不仅提高了企业服务效率，还优化了客户体验。主要的表现途径如下所示：

1. AI 聊天机器人

AI 聊天机器人是当前最普及的智能客户沟通方式之一。它们通过自然语言处理（NLP）技术，能够自动识别客户问题并提供实时解答，无须人工客服介入，从而大幅降低企业的运营成本。例如，支付宝的智能客服"小宝"能够精准识别客户的咨询内容，在支付失败、账号安全、交易查询等问题上迅速提供解决方案，减少了 95% 以上的人工客服工作量。这种自动化交互方式不仅提升了客户体验，还帮助企业更高效地处理海量客户需求。

2. AI 语音助手

相比于文本输入，语音交互使客户沟通更加自然流畅，尤其适用于驾驶、家居智能控制等场景。AI 语音助手依托语音识别和语音合成技术，使客户能够通过简单的语音指令获取信息或完成操作。例如，小米的"小爱同学"可以帮助客户控制智能家居设备、查询天气、设定日程等；苹果的"Siri"则能快速执行语音命令，如拨打电话、发送信息、播放音乐等。语音助手的普及极大地提升了交互的便捷性，使客户沟通更加自然无障碍。

3. AI 数字人

随着人工智能技术的发展，AI 数字人正成为客户沟通的新模式。基于 3D 建模、情感计算和语音合成技术，AI 数字人不仅可以像真人一样进行语言和情感互动，还能够在不同场景中提供智能化服务。例如，上海银行推出的 AI 数字员工"海小智"和"海小慧"，专为老年客户设计，能够通过自然语言交互帮助他们查询养老金、办理业务等，同时 AI 数字员工拟真的表情和语音让沟通更加亲切自然。这种拟人化服务有效降低了技术门槛，使数字服务更具温度，尤其适用于对传统数字服务较为陌生的群体。

4. AI 精准推荐

AI 不仅能用于直接客户沟通，还能通过大数据分析和机器学习技术，精准预测客户需求，为其提供个性化推荐。例如，淘宝、京东等电商平台利用 AI 技术分析客户浏览和购买行为，为客户精准推荐商品。这种智能化推荐模式让客户沟通更具针对性，提高了营销的转化率。

5. AI 情感分析

情感分析技术使 AI 不仅能够理解客户的文字或语音内容，还能感知客户的情绪状态。基于自然语言处理、语音分析和面部识别，AI 能够实时判断客户的情绪，并提供相应的应对策略。例如，京东的 AI 情感客服可以识别客户的不满情绪，一旦检测到愤怒或焦虑的语气，系统会自动将客户转接至高级客服或提供更具安抚性的对话策略，以缓解客户的不满情绪。这种应用极大地提高了客户满意度，降低了投诉率，使客户服务更具人性化。

二、客户与企业沟通的途径

客户与企业之间的沟通是客户为向企业反映其需求或要求而采取的行动，包括其对企业的意见。为了确保企业及时了解客户需求及不满并提出解决对策，企业需要提供客户与企业沟通的顺畅途径。

1. 客户与企业沟通的传统途径

（1）电话沟通

企业可以开设免费投诉电话或 24 小时热线，为客户提供便捷的沟通渠道。当前许多企业都设立了免费热线电话。客户可以通过拨打热线免费与企业沟通，提出投诉、建议或需求。

（2）书面沟通

客户可以通过书面形式（如信函或电子邮件）向企业反馈意见。企业应设立专门的邮箱，并确保及时回复客户的邮件。

（3）意见箱和反馈卡

企业可以在公共区域设置意见箱、建议箱，或者向客户提供意见表、评议卡等，鼓励客户提出意见或建议。

（4）客户投诉与建议制度

企业应建立清晰的客户投诉和建议处理制度，并确保客户知道相关的联系方式和工作流程。例如，联邦快递制定了客户投诉保障措施，若客户未按时收到邮件可获得邮递费全额退还，以此鼓励客户投诉和反馈。

2. 客户与企业沟通的人工智能途径

（1）AI 智能客服

AI 智能客服通过自然语言处理（NLP）和机器学习技术，提供 24/7 的自动化客户服务，处理客户的咨询、投诉等事务，减少人工客服压力。例如，阿里巴巴的"阿里小蜜"可以实时解答客户问题，并在需要时无缝转接人工客服，提升客户体验。

（2）AI 语音助手

智能语音助手（如 Siri、小度等）使客户能够通过语音与企业进行自然的交流。在银行等领域，AI 语音助手帮助客户完成账户查询、交易操作等任务，降低了客户的使用门槛，满足了老年群体的服务需求。

（3）AI 聊天机器人

AI 聊天机器人能够与客户进行多轮对话，解答问题并根据客户的兴趣进行个性化推荐。例如，梅赛德斯-奔驰的智能聊天机器人不仅解答与车辆功能有关的问题，还能为车主提供导航建议和驾驶优化方案，提高客户满意度。

客户与企业的沟通已从传统的打电话、书面反馈等方式，逐渐转向利用人工智能技术来提高沟通效率和个性化体验。传统方式侧重于提供多样化的沟通渠道以降低客户投诉的门槛，而人工智能方式则通过自动化、语音交互、数据分析等手段，进一步提高客户服务的响应速度和个性化程度。未来，企业可以结合传统与人工智能方式，提供更加全面、便捷和高效的沟通服务。

任务三　客户沟通的策略

情景任务

小张通过上一任务的学习，已经掌握了企业与客户沟通的途径，并针对自己的摄影工作室设置了客户沟通的途径。那么企业与客户沟通的过程中有哪些沟通策略，又有哪些需要注意的事项呢？带着这些疑问，我们开始接下来的学习吧！

本任务点目标：掌握差异化沟通策略；

能够恰当地与客户进行沟通交流。

一、对不同的客户采取差异化沟通策略

（一）客户类型不同销售战术也不同

客户的类型不同，所适用的销售战术也不同，销售人员不能用同一个方法来服务所有客户。

（1）对待陌生的客户，应重视礼貌礼节，不应太过热情，否则会让客户觉得不舒服。

（2）对待熟悉的客户，可提高热情度，拉近距离，给人熟悉的感觉。

（3）对待有主见的客户，不要说废话，不要打断他，多听听他的意见和想法，适时运用数据和案例来向他说明。

（4）对待细致犹豫型客户，给他一些思考时间，让他感受到有保障，在必要的时候帮他做决定，及时敲定订单。

（5）对待自尊心较强的客户，多给他们成就感和肯定，多讲解商品可以给他们带来的独特价值。

（6）对待挑剔的客户，一定要在某些细节上说服他。

客服人员只有身经百战，才能做到在面对各种类型的客户时游刃有余。

（二）行业不同战术也不同

行业的不同决定了客户沟通方式和策略的差异。例如，快消行业（如零售、餐饮）客户消费频率高，但单次接触时间短，决策速度快，企业应注重提高服务效率，优化消费者体验，如提供便捷支付方式、快速响应客户需求等，以确保客户的快速回购。耐用品行业（如家电、汽车）的客户购买周期较长，决策较为慎重，需要多次沟通和较长的服务周期，企业需要加强售前咨询、产品演示、客户教育，以及良好的售后服务，以建立长期信任关系，提高客户忠诚度。而服务行业（如金融、教育）的客户黏性较高，往往依赖企业提供个性化和长期的服务，企业应加强客户关系管理，注重客户体验，提供差异化服务，如定制化方案、会员服务等，以提高客户满意度与忠诚度。

（三）通过电商客服系统实现差异化沟通

在当今的数字化时代，电商客服系统已经成为许多企业与客户沟通的重要桥梁。智能化的电商客服系统具备先进的人工智能和机器学习技术，能够自动识别不同类型的客户群体，并且快速识别和解决客户问题，提供 24 小时在线服务。通过 NLP 和语音识别技术，电商客服系统能理解并自动回复客户的问题，提供定制化推荐和促销、多渠道互动与跟进等功能。此外，电商客服系统还能对客户数据进行实时分析，以更好地了解客户需求，帮助企业制定对不同客户的差异化沟通策略，从而提高客户满意度和品牌忠诚度，促进销售增长和业务发展。

（四）站在客户立场上与客户沟通

客户通常关心的是自己的切身利益，从某种意义上说，客户购买的不仅是产品或服务，还包括企业对客户的关心及客户对企业的信任。因此，企业只有充分考虑客户的利益，站在客户的立场上，才能获得沟通的成功。

优秀的客服人员需要善于倾听客户的需求和问题，并给予准确的回应。利用智能客服系统的 NLP 技术，客服人员可以准确地理解客户的问题，并提供有针对性的解决方案。智能客服系统可以通过对客户行为的深度分析，提供个性化的产品推荐。这种推荐方式有助于激发客户的购买意愿，从而提高转化率。此外，企业也应根据客户联系卡或客户数据库提供的信息，定期与客户联系，站在不同客户的立场上与不同特征的客户进行有针对性的差异化沟通，提供个性化服务。通过收集和分析客户的数据，企业可以提供个性化的服务，从而提高客户满意度和转化率。

二、通过社交媒体实现有效客户沟通

随着科技的发展与时代的进步，社交媒体迅速成为人们生活中不可或缺的一部分，更成为企业营销策略中的重要平台。

社交媒体不仅为企业提供了一个与客户互动、传播品牌信息和建立关系的平台，还为客户提供了一个发现新产品、获取信息甚至参与社区周边活动的有效渠道。因此，如何通过社交媒体实现有效的客户沟通成了企业必须重视的问题。

（一）通过社交媒体充分了解目标客户

企业可以通过目标客户在社交媒体中的"足迹"来深入了解和研究他们的兴趣、关注点、需求，甚至是消费习惯和行为模式，并根据他们的特点制定相应的营销策略。

（二）通过社交媒体充分进行内容创作

在社交媒体平台上，客户对有价值、有趣、有吸引力的内容更感兴趣。因此，企业需要精心策划和创作内容，确保创作的内容引发目标客户的共鸣。

内容可以是有趣的故事、实用的贴士、引人入胜的视频或引发讨论的话题，通过不断更新和优化内容，企业可以吸引更多客户关注品牌并提高品牌认知度。

（三）通过社交媒体与目标客户积极互动

企业应该及时回复客户的评论和留言，参与客户讨论，与客户建立积极的互动关系。同时，企业需要注意社交媒体上的口碑管理，及时回应客户的投诉和负面评价，维护品牌形象和声誉。

企业可以通过数据分析工具来评估自己的社交媒体营销效果，了解客户互动数据、转化率和品牌影响力等关键指标。通过不断监测和分析数据，企业可以优化自己的营销策略，提升营销效果并获得更好的回报。

 谈一谈

请找出一个成功利用社交媒体与客户进行有效沟通的案例，谈一谈它成功的关键。

_____

_____

三、通过人工智能实现高效客户沟通

随着 AI 语音助手在日常生活中逐渐普及，人与智能语音工具的互动正变得越来越简单高效。在商业领域中，Chat AI 已经成了不可或缺的工具，因为它能够提高业务的运作效率，为商家带来更多的利益。越来越多的企业客服中心使用自助语音服务代替人工服务来与客户的沟通和交流。未来，随着 AI 生态系统不断完善，智能客服将带来更多的价值。那么，如何利用 Chat AI 与客户高效沟通呢？

（一）自动客服

将 Chat AI 作为自动客服使客服部门的工作效率变得更高。当客户向 Chat AI 提出问题时，Chat AI 可以自动回复基本问题，如处理退货、交付等问题。而对于一些专业领域中更复杂的问题，Chat AI 可以转接给专业人员解决。

（二）营销手段

通过构建 Chat AI 客户满意度调查等营销模块，企业可以获取更多的潜在客户。当然，企业需要通过一个"亲切""友善"的 Chat AI 打造品牌信誉，将潜在客户转化成真正的客户。

（三）销售技巧

企业可利用 Chat AI 为客户提供更加个性化的服务，主动为客户提供相关产品信息，并对客户的问题进行有效的回答，自然而然地提高了产品的销售率。Chat AI 通过个性化地推广精准、实用的产品信息，可以激发客户的兴趣和购买意向，从而增加销售额。

Chat AI 已经成了企业必备的高效沟通工具之一。Chat AI 自动客服、营销和销售等业务流程，可以提高客户满意度和忠诚度，增加销售额。因此，对企业来说，用 Chat AI 与客户高效沟通是十分必要的。

> **课堂案例**
>
> 查看配套资源中的课堂案例，谈谈华为是如何通过智能客服与客户连接得更紧密的。
> _____
> _____

课堂案例

智能客服：让客户连接更紧密

任务四　妥善处理客户投诉

> **情景任务**
>
> 客户投诉是每个企业都可能遇到而且非常常见的客户问题。最近，小张在婚纱摄影

过程中也遇到了一些客户投诉问题，他感到非常头疼。那么为什么会出现客户投诉问题呢？我们应该如何看待客户投诉问题呢？客户到底想通过投诉获得什么呢？我们应该如何处理投诉问题呢？带着这些问题，我们开启接下来的学习之旅吧！

本任务点目标：理解客户投诉的原因；

掌握正确看待客户投诉的方法；

掌握处理客户投诉的步骤；

现实生活中能够恰当处理客户投诉。

一、客户投诉的原因

（一）产品或服务的质量问题

当产品或服务的质量达不到标准，或产品经常出现故障时，客户便会进行投诉。例如，当其他通信企业给客户提供越来越多的功能，网络覆盖范围不断扩大，接通率提高，掉线率下降，而本企业提供的通信服务却在很多地方未覆盖，或者经常掉线，那么客户的埋怨会持续增加，进而产生投诉。

（二）服务态度或服务方式问题

工作人员对客户冷漠，服务态度不佳，缺乏耐心，或没有迅速、准确处理客户的问题，效率低下，可能会引起客户的投诉。

（三）客户上当受骗

企业在广告中夸大其产品的某些特性及性能，诱使客户上当，造成客户预期的落空；或者企业对客户做了某种承诺而没有兑现，使客户的期望没有得到满足时，会引起客户的投诉。

例如，有的商场承诺包退包换，但是当客户提出退换要求时，商场却总是找理由拒绝，客户就会投诉。

二、正确看待客户投诉

（一）投诉的客户是忠实的客户

调查显示，投诉的客户占所有不满意的客户的 5%左右，约 95%的不满意的客户是不会投诉的，他们只会停止购买或转向与企业的竞争对手交易。他们还可能会传播对企业不利的信息，这些客户不会给企业解决问题的机会。

所以，企业应该感谢前来投诉的客户，因为他们把不满告诉了企业，而不是向他人传播对企业不利的消息。

客户愿意花时间投诉，表明他们对企业有"恨铁不成钢"的心态，说明他们对企业仍然有信心。因此，那些愿意来投诉的客户才可能是企业的忠实客户。

（二）投诉带来珍贵的信息

客户是产品或服务最直接的使用者和消费者，因此他们是权威的评判者，拥有很大的发言权。客户投诉确实令人头痛，但如果从另一个角度来看，会发现客户投诉是客户对企业的产品或服务不满的正常反应，是客户对产品或服务的期待及信赖落空而产生的不满及愤怒，它揭示了企业经营管理中存在的缺陷。因此，客户的投诉可为企业提供重要的线索，使企业能够及时了解和改进产品或服务的缺点。

客户投诉还蕴藏着巨大的商业机会，因为它可以帮助企业激发开发新产品和新服务的灵感，许多知名的大企业在开发产品方面都得益于客户投诉。例如，海尔能洗红薯的洗衣机正是根据用洗衣机洗红薯的"不合理"要求开发的产品。

（三）妥善处理投诉，可以令客户满意

有些企业的员工在处理客户投诉时常常表现出不耐烦、不欢迎的情绪，这是一种危险的做法。

企业对客户投诉处理不当，不仅会使投诉的客户流失到竞争对手手上，使企业丧失宝贵的客户资源，而且在互联网时代，客户还会传播对企业不利的消息，容易引发其他客户的流失；同时，由于客户的口碑效应，企业在吸引新客户时的难度会加大，企业的信誉也会下降，发展受到限制，甚至生存受到威胁。

客户投诉的成功处理可以带来回头客。哈佛商业评论研究发现，如果客户投诉得到有效解决，70%的客户会选择再次购买，而如果投诉处理超出客户预期，这一比例可提高到95%。

客户常常依靠企业处理投诉的诚意和成效评判一个企业的优劣，如果企业处理客户投诉的结果令客户满意，客户会对企业留下好印象，客户的满意程度可能比没发生问题时更高。

总之，对任何企业来说，客户投诉都在所难免。企业要与客户建立长期相互信任的伙伴关系，把处理投诉看作弥补产品与服务的不足、促进自身进步和加强客户关系的契机，要妥善处理客户的投诉。

三、处理客户投诉的步骤

（一）让客户发泄

客户是给企业带来利润的人，是企业的衣食父母，也是能够使企业失败的人。因此，客户不应是企业争辩或斗智的对象。当客户来投诉时，客户应该热情地招呼对方，真诚地对待每一位前来投诉的客户，并且体谅对方的激动情绪和语气。

心理专家说，人在愤怒时，需要的是情绪的宣泄，只要将心中怨气宣泄出来，情绪便会平静下来，所以，企业要让投诉的客户充分发泄心中的不满乃至愤怒。

在让客户发泄时要注意聆听和认同两个环节。

1. 聆听

要认真聆听，不无礼、不轻易打断客户说话，不伤害客户的自尊心。与客户面对面时，聆听过程中要注意用眼神关注客户，使他感觉到自己和自己的意见被重视，从而鼓励他说出心里话，同时，还要协助客户表达清楚。

2. 认同

客户投诉时，希望自己能得到同情、尊重和理解，因此这时候企业要积极地回应客户所说的话；如果没有反应，客户就会觉得自己不被关注，就可能会被激怒。

可以在客户讲述的过程中，不时点头，用"是的""我明白""我理解""您说的话有道理""是的，我也这么认为""碰到这种状况我也会像您那样"等话语表示对客户投诉的理解。

此外，还可以复述客户说过的话，以理清一些复杂的细节，更准确地理解客户所说的话。当客户在长篇大论时，复述还是总结谈话的技巧。

影响投诉问题解决的因素可能是多方面的，即使出于政策或其他方面的原因，无法解决问题，但只要我们在与客户沟通的过程中始终抱着积极、诚恳的态度，那么也会使客户的不满减少。

（二）记录投诉要点、判断投诉是否成立

要记录的方面有：投诉人，投诉对象，投诉内容，何时投诉，客户购买产品的时间，客户的使用方法，投诉要求，客户希望以何种方式解决问题，客户的联系方式……

在记录的同时，要判断投诉是否成立，投诉的理由是否充分，投诉的要求是否合理。如果投诉不能成立，也要用婉转的方式使客户认清是非曲直，耐心解释，消除误会。

如果投诉成立，企业的确有责任，就应当首先感谢客户，可以说"感谢您的反馈""非常感谢，您使我有机会为您弥补损失……"要让客户感到他和他的投诉是受欢迎的，他的意见很宝贵。客户一旦受到鼓励，往往还会提出其他的意见和建议，从而给企业带来更多有益的信息。

感谢之后要道歉，道歉时要有诚意，避免敷衍塞责。

（三）提出并实施可以令客户接受的方案

道歉之后，就要着手为客户解决问题，要站在客户的立场来寻找解决问题的方案并迅速采取行动。

首先，要马上纠正引起客户投诉的错误。反应快表示你在严肃、认真地处理这件事，客户对此会很欣赏；拖延时间只会使客户感到自己没有受到足够的重视，会使客户的不满变得越来越强烈。

其次，根据实际情况，参照客户的处理要求，提出解决投诉的具体方案，如退货、换货、维修、赔偿等。提出解决方案时，要注意用建议的口吻，然后向客户说明它的好处。如果客户觉得方案不是最好的解决办法，一定要向客户讨教如何解决。

最后，抓紧实施客户认可的解决方案。

（四）跟踪服务

跟踪服务即对投诉处理后的情况进行追踪，可以通过打电话或发短信，甚至登门拜访的方式了解事情的进展是否如客户所愿，调查客户对投诉解决方案实施后的意见，如果客户仍然不满意，就要对解决方案进行修正，重新提出令客户可以接受的方案。

跟踪服务体现了企业对客户的诚意，会给客户留下很深的印象，客户会觉得企业很重视他提出的问题，是真心实意地帮他解决问题，这样就可以打动客户。

此外，通过跟踪服务对投诉者进行回访，并告诉他，基于他的意见，企业已经对有关工作进行了整改，以避免类似的问题再次发生，这样不仅有助于提升企业形象，而且可以把客户与企业的发展密切联系在一起，从而提高客户忠诚度。

（五）提高客户投诉处理的质量

1. 建立完善的客户投诉系统

企业应建立完善的客户投诉系统，对每一位客户的投诉及处理都要做详细的记录，包括客户投诉的内容、处理投诉的过程及结果、客户是否满意等。这样做的目的是全面收集、统计和分析客户的意见，不断改进客户投诉的处理办法，并将获得的信息整理后传达给其他部门，以便及时总结经验和教训，为将来更好地处理客户投诉提供参考。

此外，要对投诉的处理过程进行总结与综合评价，提出改进对策，不断完善企业的客户投诉系统。

2. 提高一线员工处理投诉的水平

一线员工往往是客户投诉的直接对象，然而目前许多企业不注重对其的培训，一线员工处理客户投诉凭的是经验和临场发挥，缺乏平息客户怒气的技巧。

企业应当利用各种形式，对一线员工进行培训，让他们掌握处理客户投诉的技巧，使一线员工成为及时处理客户投诉的重要力量。

此外，要赋予一线员工一定的权力，使他们在处理一些无法预见的问题时有相对大的自主权，以便对客户提出的意见和建议做出迅速的反应，从而保证为客户提供迅速、及时、快捷、出色的服务。

3. 警钟长鸣，防患于未然

首先，分析客户投诉的原因，查明造成客户投诉的具体责任人，并对直接责任人和部门主管按照有关规定进行处罚，必要时将客户投诉及相关处理结果在企业内部进行通报，让每一个员工都知道这件事，以避免这类错误再次发生。

其次，提出相应的措施，防止投诉问题再次发生，不断改进企业工作缺陷。

技能测试

一、不定项选择题

1. （　　　　）是客户沟通的内容。
    A. 信息沟通　　　　B. 情感沟通　　　　C. 理念沟通　　　　D. 意见沟通

2. 以下属于企业与客户沟通的途径的有（　　　　）。
    A. 人员沟通　　　　B. 意见箱　　　　C. 活动沟通　　　　D. 广告沟通

3. 关于客户沟通，下列说法正确的是（　　　　）。
    A. 客户沟通是使客户满意的基础

B. 良好的客户沟通可以维系客户

C. 与客户沟通时要站在企业的立场上

D. 与客户沟通时要向客户表明诚意

二、判断题

1. 企业向客户宣传有关的政策所采取的行动指的是政策沟通。 （　　）

2. 情感沟通主要是把企业宗旨、理念介绍给客户，并使客户认同和接受。 （　　）

3. 企业要使客户与企业的沟通更方便，尽可能降低客户投诉成本。 （　　）

4. 在和客户沟通时，应注意在不打断客户的前提下，适时地表达自己的意见。

（　　）

5. 企业与客户进行售后沟通可减少退货情况的发生。 （　　）

三、思考题

1. 客户沟通的作用与内容是什么？

2. 企业与客户沟通的途径有哪些？

3. 客户与企业沟通的途径有哪些？

4. 处理客户投诉有哪些步骤？

案例分析

AI 数字员工助力老年客户跨越数字鸿沟

一、案例背景

在金融服务数字化加速的今天，手机银行功能日益丰富，但操作复杂度也在提高，给老年客户群体带来了较大的使用挑战。上海银行作为上海最大的养老金代发机构，经调研发现其手机银行用户中近 30% 为 60 岁以上客户，而许多老年人对手机银行的使用存在抵触情绪，甚至因"数字鸿沟"难以享受到便捷的金融服务。

二、AI 数字员工的推出

为解决这一问题，上海银行联合商汤科技，基于"商量"大模型，开发了 AI 数字员工"海小智"和"海小慧"两个超写实的数字人形象，如图 6-1 所示，为客户提供智能化、自然化的银行业务交互体验。这两位 AI 数字员工具有以下特点。

自然聊天交互：不同于传统的搜索模式，AI 数字员工能够通过自然语言理解与老年客户进行语音交互，帮助他们轻松完成业务操作。

超写实形象设计：数字人形象具备接近真人的表情、动作和语音语调，使客户感受到更加温暖、陪伴式的交流。

智能业务引导：如在养老金查询场景中，老年客户无须查找具体功能按钮，只需说"查询养老金"，AI 数字员工便会提供相应账户选项，并一步步引导客户完成查询。

适配大字版界面：为了更适应老年客户，AI 数字员工能够自动调整显示模式，确保界面清晰、易读。

图6-1　上海银行AI数字员工"海小智"和"海小慧"

三、实际应用与影响

目前，"海小智"和"海小慧"已在上海银行手机银行App、e事通App、元宇宙银行等多个渠道上线，能够提供业务咨询、产品推荐、营销互动等多项服务。已支持包括养老金查询、账户余额查询等10多个常见业务场景。

这一创新举措在2024年"人工智能向善"全球峰会上成功入选联合国机构国际电信联盟（ITU）全球首批40个"人工智能向善"案例，得到了国际社会的高度认可。

四、未来发展方向

上海银行与商汤科技计划进一步拓展AI数字员工的能力，包括：采用行业最新语音大模型，使语音合成具备情感化表达，提供更具温度的服务；适配不同性能的手机设备，确保老年客户群体无论使用何种手机，都能获得流畅的AI交互体验；扩展数字人形象家族，增加2D数字人、卡通风格数字人等，以覆盖更广泛的客户群体和业务场景。

【思考与讨论】

1. 你怎样评价海尔与客户沟通的做法？
2. 海尔与客户沟通的做法对其他企业有何启示？

项目实训

【实训内容】

假设小张在给客户拍摄照片的过程中遇到客户对照片不满意并投诉的情况，你认为小张应该如何处理？请给出具体的处理方法。

项目实训具体要求如下。

（1）组建项目小组：每组5~6人，选出一名组长，由组长确定组员任务和项目小组工作进度的安排。

（2）撰写处理客户投诉的分析报告，合理、恰当解决问题，保证客户满意。

（3）小组制作PPT并在全班进行展示，也可进行角色扮演，以小品或话剧形式展示解决客户投诉的整个过程。展示后其他小组可提出质询，台上台下进行互动，全班讨论、交流。

【实训评价】

完成后任务后班级进行小组自评、小组互评和教师评价。实训评价表如表6-1所示。

表6-1　实训评价表

评价标准	小组自评（30%）	小组互评（30%）	教师评价（40%）
能够按照实训要求完成所有实训任务（15分）			
客户投诉原因分析全面准确（15分）			
客户投诉分析报告全面深刻（20分）			
客户投诉处理方法得当、令客户满意（15分）			
达到团队协作、职业规范与职业素养目标（20分）			
课堂展示真实、自然、深刻、流畅（15分）			

拓展延伸

【拓展6-1】

查看配套资源中的知识拓展，概括你学习的要点。

知识拓展

客户沟通小技巧

_____

_____

_____

【拓展6-2】

查看配套资源中的知识拓展，概括你学习的要点。

知识拓展

客户沟通话术

_____

_____

_____

项目七

智能电商客户服务

多彩知识树

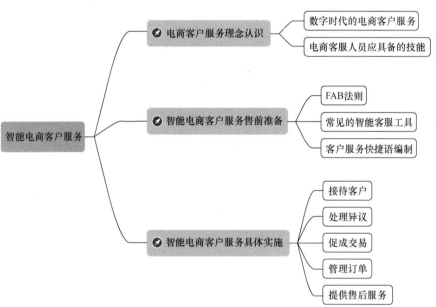

智能电商客户服务
- 电商客户服务理念认识
  - 数字时代的电商客户服务
  - 电商客服人员应具备的技能
- 智能电商客户服务售前准备
  - FAB法则
  - 常见的智能客服工具
  - 客户服务快捷语编制
- 智能电商客户服务具体实施
  - 接待客户
  - 处理异议
  - 促成交易
  - 管理订单
  - 提供售后服务

课前小故事

言犀智胜：京东智能客服系统的"双十一"战役

在电商行业，促销活动如"双十一"和"6·18"是商家争夺市场的重要战场。然而，在这一过程中，商家往往面临客户咨询量激增、客服响应压力大、人工运营成本高等挑战，为了提升客户体验、降低运营成本，京东推出了智能客服系统"言犀"，利用 AI 技术提供高效、精准的智能客户服务，助力商家降本增效。

目前，京东智能客服系统"言犀"累计服务超 5 亿消费者，覆盖数百万自营商品 SKU（Stock Keeping Unit，存货单位），贯穿售前、售中、售后、物流外呼等全流程服务。京东智能客服系统"言犀"拥有深厚的零售产业"know-how"（技能知识），涉及 23 个场景，350 个意图，3000+个子意图，78 万条解答方案的 4 层知识体系，超 40 个独立子系统，超 3000 个组件，超 40 个 RPA 能力，系统稳定性 99.99%，是京东极致服务体验的代表之一。

京东智能客服系统"言犀"的应用与特点如下所示。

1. 高效应对大规模客户咨询，降低客服压力

言犀能够自动处理 80% 以上的高频咨询问题，包括订单查询、商品咨询、活动详情等，实现 7×24 小时全天候在线服务，有效缓解人工客服压力。例如，武极电脑在"双十一"期间借助言犀，实现了 80% 以上的咨询自动回复，人工客服压力大幅降低。

2. 强大知识库支撑，精准解答客户问题

言犀拥有 4 层知识体系，包括 23 个业务场景、350 个意图、3000+个子意图、78 万条解答方案，涵盖零售全流程。这使其能够精准理解客户需求，提供高效、专业的回答。

例如，在鞋服行业，客户常遇到尺码选择困难。言犀基于大规模数据积累，具备"尺码应答"功能，能够结合商品 SKU、客户购买记录、商品详情等信息，精准推荐合适尺码，减少因尺码不合适导致的退换货问题。

3. 结合智能营销，提高转化率

言犀不仅能被动响应客户咨询，还具备智能营销能力，通过自动识别高意向客户，精准推送信息，提高销售转化。例如，母婴品牌 Babycare 在应用言犀后，实现了智能营销成功率 68%，在 2021 年 6 月的促销活动中，营收增长 30%，开门红当天催付金额达到 213 万。

4. 自动化售后服务，提高客户满意度

在电商售后环节，如物流查询、安装预约、维修咨询等，言犀能够自动获取物流轨迹，主动向客户推送信息，减少客户等待时间，提升售后体验。例如，在家居电商行业，因商品体积较大，售后服务（如安装、维修）复杂，传统客服难以高效处理。而言犀能够针对不同的物流状态，自动提供定制化回复，大幅提高了售后咨询效率。

经过千锤百炼的言犀不仅服务于自身，还将成熟的能力开放出来，助力行业降本增效，提升客户体验。言犀零售解决方案包括满足京东商城自营服务需求的商家智能客服机器人"京小智"，在京东域外，提供包括"在线咨询机器人""语音外呼""语音导航""语音应答""数字人"等在内的产品及服务矩阵。言犀智能外呼产品的功能如图 7-1 所示。

京东智能客服系统"言犀"智能外呼

基于领先、全自研的语音语义技术，媲美真人的语音互动体验，代替人工，主动、批量外呼电话，低成本、高效率触达客户。外呼过程中准确识别客户意向，外呼结束后自动生成客户标签和分析报告，丰富客户画像，为后续精准营销提供扎实基础。

降本增效 01	加速转化 02	触达可控 03	数据沉淀 04
• 较人工外呼费用大幅降低 • 较短信触达效果显著提升 • 多线并发，批量触达	• 精准判别客户意向，主动加粉引流 • 关键节点及时触达，引导线上线下销售转化	• 信息化系统管理，自动、批量外呼触达客户 • 任务过程可视化管控 • 结果统计，录音留存	• 沉淀客户数据，保护客户的会员资产 • 记录真实意向，丰富画像标签，精准分群及总结复盘

图 7-1 言犀智能外呼产品

学习目标

知识目标

1. 了解数字时代的客户服务。
2. 掌握客户服务常见快捷语。
3. 掌握客户接待的流程及异议处理方法。

能力目标

1. 能够编制客户服务快捷语。
2. 能够熟练接待客户并处理异议。

素养目标

1. 培养对电商客户服务及相关岗位的职业兴趣与敬业意识。
2. 培养理论联系实际、活学活用的良好习惯。
3. 培养主动沟通、承诺信任与互利互惠的理念。

任务一 电商客户服务理念认知

 情景任务

随着电商的迅速发展，小张也在网上开通了电商业务。那么，电商客服人员应该如

何进行客户服务，又有哪些素质及技能要求呢？接下来就跟随小张来了解一下智能客户服务的相关内容。

　　本任务点目标：理解数字时代的客户服务；

　　　　　　　　　掌握电商客服人员的素质及技能要求；

　　　　　　　　　具备电商客服人员应具备的素质及技能。

一、数字时代的电商客户服务

随着数字经济的不断发展，客户可以自由和轻易地获取和分享信息。企业也能利用互联网信息技术全方位地了解客户，满足客户需要，提高客户的满意度和忠诚度。在数字化环境下，客户服务的传统思维已经发生变化，尤其是人工智能技术与全民电商直播热潮的兴起，在给企业打开新销路的同时，也给企业在客户服务方面带来了新的挑战。

1. 全天候与即时响应

数字时代的客户服务通过 AI 和自动化工具，能够提供全天候的支持。无论是通过智能客服、聊天机器人还是社交平台，客户可以随时提问、投诉或请求帮助，避免了传统客服需要排队或受工作时间的限制，提升客户体验。

2. 个性化体验

利用大数据和人工智能分析客户的购买历史、行为偏好、兴趣等信息，企业能够为每个客户提供量身定制的服务或产品推荐，从而提高客户的满意度和忠诚度。例如，京东和亚马逊等平台便通过个性化推荐系统实现了这一目标。

3. 多渠道互动

数字时代的客户服务不再局限于单一的沟通方式，客户可以通过电话、电子邮件、社交媒体等多个渠道与企业进行互动。通过全渠道服务平台，企业能够整合管理不同渠道的信息并给予统一高效的回应。这种无缝的沟通方式提高了客户的满意度，并加强了品牌的整体形象。

4. AI 驱动的自动化服务

AI 技术的应用使企业能够通过智能客服、聊天机器人等自动化工具高效处理大量常规的客户服务请求，如订单查询、常见问题解答等。这不仅减轻了人工客服的压力，还能够提供快速、精准的响应。在高峰期或非工作时间，客户依然能得到及时回应，提高了服务的连续性和可靠性。

5. 社交平台互动与情感分析

企业在社交平台上的客户服务已经成为品牌管理的重要组成部分。通过监测社交媒体上的客户评论和反馈，企业能够实时了解客户的情绪和需求。此外，AI 情感分析技术可以帮助企业识别客户的情感状态（如愤怒、不满或满意），并根据情绪调整应对策略。这种实时情感识别和处理能够提高客户的满意度，尤其在处理负面反馈时，能够让企业表现出更高的敏感度和关怀。

总之，在数字化时代，客户服务的广度和深度都在发生变化，企业和客户服务人员都需要逐渐适应这种变化，才能为客户提供优质的服务。

 **谈一谈**

曾有一个经营状况非常好的公司，这家公司和其他公司相比没什么特别之处，只是其客户服务部的员工比其他公司多了 3 倍。有一天记者问这家公司的总经理为什么聘请这么多客户服务人员，总经理的回答是："销售是骨，服务是血！"

请谈谈你对总经理这句话的看法。

_____

_____

二、电商客服人员应具备的技能

随着互联网技术的迅猛发展，电商业务规模持续扩张，而电商客服人员作为企业与客户的关键桥梁，其重要性愈发凸显。电商客服人员不仅需要基础的客服技能，还需具备较强的技术应用能力、情绪管理能力及数据分析能力。以下是电商客服人员的五大核心技能，并针对每项技能提供了详细的培养方法和练习方案，以帮助客服人员提升专业素养。

（一）高效沟通与倾听能力

高效沟通不仅包括清晰表达问题和解决方案，还涉及准确理解客户需求，避免因信息不对称导致误解或引发投诉。优秀的客服人员应能在短时间内理解客户诉求，并使用恰当的话术引导客户，提高沟通效率。

可采用以下方法促进该能力养成。

主动倾听训练：在模拟对话练习中，要求客服准确复述客户的诉求，避免遗漏或误解信息。例如，企业可设计"客户咨询场景"，客服人员需在对话后总结客户的核心问题，并确认是否理解正确。

精准表达练习：要求客服用简洁明了的语言回答客户问题，避免冗长或含糊不清。例如，在模拟场景中，设定"客户询问退换货流程"，客服人员需在 30 秒内完整清晰地讲解流程。

语音语调优化：通过录音回听客服通话，分析语速、语气、停顿是否合适，提高语音表达的亲和力和专业度。可使用 AI 语音分析工具，优化语调、减少语气词，提高表达流畅度。

 练一练

练习1：找同学或使用 AI 客服系统模拟客户咨询，进行一对一沟通练习，并回放录音分析沟通效果。

　　练习2：听取优秀客服案例，并进行复述练习，学习其沟通技巧和话术方式。

（二）问题分析与解决能力

　　电商客服人员需要快速识别问题并提供合理的解决方案。在面对复杂或未知情况时，必须具备逻辑分析能力，判断问题的根本原因，并采取合适的解决策略，确保客户满意。此外，客服人员还需提升智能客服的交互体验。

　　可采用以下方法促进该能力养成。

　　分类问题解决训练：建立常见问题数据库，将客户咨询的问题按类型归类，如订单问题、支付问题、技术支持问题等。电商客服人员需掌握智能化服务优化方法，包括优化客服知识库、智能话术训练及AI与人工客服协作，以提高问题解决能力。

　　情景模拟演练：设计不同难度的问题场景，如"客户投诉快递丢失""客户要求超出公司政策的赔偿"等，让客服人员分组讨论并制定最佳解决方案，提高灵活应变能力。

　　案例分析学习：选取企业的典型客户服务案例，让客服人员分析问题的成因，并提出改进方案。例如，分析某次因客服回复不及时导致的客户流失事件，探讨如何优化流程。

（三）人工智能技术与数据应用能力

　　随着人工智能技术的普及，电商客服人员应熟练掌握智能客服系统，如AI客服机器人、智能语音识别和客户关系管理（CRM）系统，以确保高效沟通和精准服务。此外，数据分析能力至关重要。客服人员需要学会利用大数据技术分析客户需求、优化服务流程，并借助AI推荐系统提升个性化体验。

　　可采用以下方法促进该能力养成。

　　智能客服系统培训：电商客服人员需要熟悉常见的AI客服系统（如阿里小蜜、美团智能客服等），学习如何调取客户信息、查询订单状态、设置自动回复等功能。

　　数据分析能力培养：学习如何读取和分析客服系统提供的数据，如客户满意度、常见问题统计等，从数据中发现问题，并优化服务流程。例如，通过分析客户咨询热点，调整常见问题数据库内容。

　　多平台客服技能训练：让电商客服人员在不同平台（如电话、社交媒体等）进行实际操作，掌握多渠道的服务技巧，并学习如何在各平台使用自动化工具辅助服务。

 练一练

　　练习1：学生模拟电商客服人员，随机抽取一组客户投诉案例，并提出解决方案，教师评估其合理性。

　　练习2：教师设定"紧急情况"模拟，如系统故障、客户极端情绪投诉等，要求学生模拟客服人员在两分钟内给出应对方案。

（四）投诉处理与情绪管理能力

客服人员在工作中经常需要面对客户的不满、抱怨甚至愤怒情绪，因此必须具备良好的情绪管理能力，以耐心和专业的态度处理客户投诉，并寻找合理的解决方案。

可采用以下方法促进该能力养成。

情绪控制训练：学习如何在面对高压环境时保持冷静，如深呼吸法、情绪隔离法等技巧，确保不会因客户的负面情绪而影响自身状态。

投诉应对话术训练：制定标准化的安抚话术，如"我理解您的感受，我们一定会帮您解决问题"，并通过模拟演练提升客服的应对能力。

客户心理学学习：通过分析客户心理，判断客户的真实需求。例如，有些客户投诉并非真的需要退款，而是希望获得情感上的认可，客服可以适当提供额外服务以缓解客户情绪。

（五）多渠道服务与团队协作能力

跨平台、多渠道的服务能力不可或缺。这要求电商客服人员能够在社交媒体、呼叫中心、短视频平台、在线客服等多个渠道无缝切换，适应不同平台的沟通方式，提高响应速度和服务质量。此外，客服与技术、销售、物流等团队的协作也至关重要，以确保客户问题得到快速解决。

可采用以下方法促进该能力养成。

多平台沟通技巧训练：在不同平台进行模拟练习，如在线聊天需要更快速的回复，社交媒体客服则需要结合品牌公关策略进行互动。

跨部门协作演练：设计案例并模拟演练。例如，在处理客户投诉订单问题时，客服需与物流部门沟通，确保问题迅速解决，并在内部记录处理流程。

知识共享机制建立：鼓励客服团队定期分享客户服务经验，如每周举办案例分析会，提高团队的协作能力和知识积累。

练一练

以下是关于客服人员接待能力的测试，请根据已有信息填写客服人员的回复。

1. 客户："你好！"

客服人员：＿＿＿＿＿＿＿＿＿＿＿＿＿＿＿＿＿＿＿＿＿＿＿＿＿

2. 客户："你们卖的是正品吗？"

客服人员：＿＿＿＿＿＿＿＿＿＿＿＿＿＿＿＿＿＿＿＿＿＿＿＿＿

3. 客户："你们的产品怎么比别人家的贵啊！"

客服人员：＿＿＿＿＿＿＿＿＿＿＿＿＿＿＿＿＿＿＿＿＿＿＿＿＿

4. 客户："你们家产品质量太差了！"

客服人员：＿＿＿＿＿＿＿＿＿＿＿＿＿＿＿＿＿＿＿＿＿＿＿＿＿

5. 客户："你们家最近有什么活动吗？"

客服人员：＿＿＿＿＿＿＿＿＿＿＿＿＿＿＿＿＿＿＿＿＿＿＿＿＿

6. 客户："我再考虑考虑。"

客服人员：_____

7. 客户："我要退货！"

客服人员：_____

任务二　智能电商客户服务售前准备

情景任务

　　小张在上一任务的学习中了解了电商客服人员应该具备的素质及技能。那么，客服人员应该如何进行客户服务呢？有哪些客户服务的技巧和法则？客服人员应该如何利用智能客服工具回复与解决客户问题？接下来小张将跟随大家一起来提升这些方面的关键技能。

　　本任务点目标：能够熟练应用 FAB 法则分析和介绍商品；

　　　　　　　　　了解并熟练使用智能客服工具；

　　　　　　　　　熟悉并学会编制常见客户服务快捷语。

一、FAB 法则

（一）FAB 法则的含义

　　FAB 法则是一种简单实用的商品介绍方法，F 是指特性（Feature），A 是指优点（Advantage），B 是指好处（Benefit），具体解释如下。

　　（1）商品特性：商品的固有属性，如服装的材质、款式、颜色、风格等。客服人员只有了解了商品特性，才能回答客户对商品的提问。

　　（2）商品优点：由商品特性所带来的商品优势，其在一定程度上代表了商品与竞争对手商品的差异。例如，全棉的面料更透气和吸汗，不含添加剂的食品更安全，等等。

　　（3）商品好处：客户使用该商品时所得到的好处。如果商品的优势不能有效地转化为客户获得的利益和好处，客户就不会被轻易打动。例如，清火就是客户喝王老吉的好处。

（二）FAB 法则的运用

　　FAB 法则用于详细介绍所销售的商品如何满足客户需求，如何给客户带来利益。客服人员掌握 FAB 法则，有助于更好地介绍和推销商品，打动客户。

　　F、A、B 三个环节是环环相扣的，商品首先具备特性，从而具有优点，最终转化为带给客户好处。在介绍商品的时候，一般要按 F、A、B 的顺序来介绍。实践证明，按这样的顺序介绍，客户不仅听得清，而且容易接受。

学会 FAB 法则后，客服人员可根据 FAB 分析表，设计 FAB 话术，用有说服力和感染力的语言描述商品以打动客户。FAB 话术的一般组织形式是：此款商品具有……（F），它可以……（A），能够让您……（B）。

（三）FAB 法则的常见问题分析

FAB 法则看似简单，但使用过程中要注意避免以下问题。

1. 过分强调商品属性

在介绍商品时可能会涉及许多专业术语，但是客户的知识水平是参差不齐的，并不是每一个客户都能理解这些术语。如果在沟通过程中将介绍重心放在商品的属性上，如桌子是什么材质的，木材来自哪里，木材到底有多好，等等，对客户而言无异于天书，客户可能会觉得商品过于复杂，而放弃购买。

所以在介绍时尽量用简单易懂的表达或是形象的说法代替专业术语。在解说时要逻辑清晰，语句通顺，让人一听就能明白。

2. 将优点和好处混淆

商品的优点是商品本身所固有的，无论谁购买这个商品，优点都固定不变；但是好处却是特定的，不同的人购买所获得的好处是不一样的。例如，小餐厅的老板购买桌子看中的是轻便和价格便宜，而高端餐厅的老板看中的却是档次和质感。客服人员要根据不同客户的不同需求阐述商品的好处。

3. 夸大事实

每一个客户的需求是不同的，任何一种商品都不可能满足所有人的需求。在介绍商品时，要以事实为依据，夸大其词或攻击其他品牌以突出自己的商品都是不可取的。因为客户一旦察觉到你在说谎、故弄玄虚，出于对自己利益的保护，就会对交易活动产生戒心，反而会让你失去这笔生意。

 练一练

FAB 法则练习

请同学们利用 FAB 法则，为以下品牌的商品设计营销话术。

1. 百雀羚补水面膜

_____

2. 华为手机

_____

3. 蔚来新能源汽车

_____

二、常见的智能客服工具

在数字化时代，企业客户服务已经从传统的人工客服模式逐步转向智能化和自动化。

为了提高服务效率、优化客户体验，企业纷纷引入各种智能客服工具。这些工具不仅能够降低运营成本，还能提供全天候、高效、精准的客户支持。以下是几类常见的智能客户服务工具及其应用特点。

（一）智能客服机器人（AI Chatbots）

智能客服机器人是一种基于人工智能（AI）和自然语言处理（NLP）技术的工具，能够自动处理客户咨询，提高服务效率。ChatGPT、百度智能客服、腾讯企点客服和阿里小蜜等都是市场上广泛应用的智能客服机器人。

这些工具能够提供 7×24 小时不间断的在线客服支持，及时响应客户需求。它们不仅可以回答常见问题，还能逐步学习客户的表达习惯，提高回答精准度。例如，当客户咨询订单状态时，智能客服可以直接从数据库提取信息并提供准确的答复，而不需要人工介入。此外，智能客服机器人还可以部署在多个平台，如微信、企业官网、App 等，实现全渠道覆盖，通过智能推荐等方式让客户能够随时随地获得帮助。

（二）客户关系管理系统

客户关系管理（CRM）系统是企业用于管理客户信息、跟踪客户互动记录、优化销售和营销策略的重要工具。代表性的 CRM 工具有软件营销部队。

CRM 系统能够帮助企业高效地记录客户的个人信息、购买历史、咨询记录等数据，为客户提供个性化服务。例如，客户曾在某品牌购买过某款产品，客服在接待时可以查看客户的历史购买记录，并基于其兴趣推荐相关产品或服务。此外，CRM 系统还能自动分类客户，根据其消费行为进行精准营销，提高客户的忠诚度。通过数据分析功能，企业还可以监测客户满意度，预测客户需求，从而优化市场策略，提高企业整体的服务水平。

（三）在线客服系统

在线客服系统是一种基于实时聊天和工单管理的客服工具，它能够帮助企业提供即时支持，提高客户满意度。京东咚咚和美洽都是典型的在线客服系统。

这些系统的核心功能之一是实时聊天支持，客户可以直接在企业网站、App 或社交媒体平台上与客服代表交流，迅速获得解答。例如，客户在电商网站浏览商品时，如果遇到问题，在线客服系统可以立即提供帮助，减少客户流失的可能性。此外，在线客服系统还配备工单管理功能，对于较复杂的问题，系统会自动生成工单，确保问题被妥善跟进，避免客户需求被忽视。许多企业还将在线客服系统与 CRM 系统结合，形成完整的客户服务生态，提高运营效率。

（四）语音客服与智能语音助手

语音客服系统通过人工智能技术，实现自动语音识别和交互式语音应答，用于电话客服和语音导航。代表工具主要有阿里云智能语音、百度 AI 语音助手和科大讯飞智能语音客服等。

这类工具具备交互式语音应答功能，能够自动接听客户电话，引导客户自主操作，并根据客户的语音指令提供相应的服务。例如，当客户拨打某品牌的客服电话查询订单状态时，智能语音助手可以直接识别客户的语音需求，并通过系统自动调取订单信息进行解答，减少人工客服的工作负担。此外，智能语音助手还能通过语音分析客户情绪，判断客户是否存在不满情绪，从而优化应对策略，增强客户体验。

（五）社交媒体客服管理工具

随着社交媒体成为品牌与客户互动的重要渠道，企业纷纷采用社交媒体客服管理工具，以便高效管理客户咨询、监测舆情和进行品牌维护。微博客服、企业微信和飞书客服等工具广泛用于社交媒体客户服务。

这些工具能够集中管理来自多个社交平台的客户留言和私信，确保企业不会错过任何客户互动。例如，一家服装品牌可能在微博、抖音、小红书等多个社交平台上接收到客户的咨询，社交媒体客服工具能够自动汇总这些信息，并分类处理，提高客服响应速度。此外，这些工具还能进行社交舆情监测，企业可以通过数据分析了解客户对品牌的反馈，及时调整市场策略，维护品牌形象。这些工具还能支持自动化回复，提高处理效率，并可与CRM系统、AI客服机器人结合，形成闭环管理。

（六）客户反馈与满意度调查工具

客户反馈是衡量服务质量的重要依据，而客户反馈与满意度调查工具能够帮助企业高效收集和分析客户意见。问卷星、问卷网等工具被广泛应用于客户满意度调查。

这些工具允许企业创建自定义问卷，向客户收集反馈。例如，一家餐饮连锁品牌可以在客户用餐后，通过短信或邮件发送满意度调查问卷，了解客户对食物口味、服务态度等方面的评价。部分工具还提供净推荐值分析，企业可以通过该指标判断客户是否愿意推荐品牌给他人，并据此优化服务。此外，部分企业会在客户每次完成购物或服务体验后，自动触发简短问卷，提高反馈收集率，使企业能够快速调整服务策略。

（七）客服数据分析与智能监控工具

数据分析是智能客服系统的重要组成部分，它能够帮助企业评估客服绩效、优化服务策略。谷歌分析和阿里云数据工场等工具提供强大的数据分析和可视化功能，帮助企业深入挖掘客户数据。

这些工具能够跟踪客户与客服的互动情况，如客户的咨询频次、问题类别、平均响应时间等，以此来组织客服工作、分析客服绩效和客户需求。此外，这些工具还能结合AI技术，预测客户行为并提供数据可视化报表，帮助决策优化。例如，系统可以通过分析客户的浏览记录和消费习惯，为其推荐相关产品，提高客户满意度。这些工具也可以与CRM系统、在线客服系统集成，实现数据闭环管理。

三、客户服务快捷语编制

电商客服人员每天接待几十上百的客户，而且客户的绝大多数问题会在工作过程中重复出现，因此，电商客服人员可以通过编制客户服务快捷语进行统一、标准、规范的回答。如此可以节省回复时间，提高工作效率及客户满意度。

（一）常用客户服务快捷语

以下为常用客户服务快捷语。

1. 进店问候

例句1：您好！欢迎光临，很高兴为您服务！

例句2：您好，我是西瓜，请问有什么可以为您效劳的呢？

2. 产品咨询

例句1：感谢您的信任，那我就给您推荐几款产品吧！

例句2：这是我们品牌重点推出的秋冬新款毛衣，这个款式已经断码了，现在我们店只有两件了，您平时穿什么码呢？

3. 客户讨价还价

例句1：很抱歉，店铺的价格都是经过再三考量的，利润真的很有限，所以请您多多理解我们。

例句2：这个价格已经是我们的最低价了，请您多多理解。麻烦您考虑一下，需要的话请联系我或直接拍下，谢谢！

4. 客户拿便宜的产品对比

例句：您好，我们虽然不能保证产品的价格是平台最低的，但是产品质量和服务是有保证的。

5. 客户提出不合理的要求

例句1：很抱歉，我们对每一个客户都是公平公正的，还请您理解和支持。

例句2：您还可以继续考虑一下，没有关系的。

6. 客户拍下产品付款时

例句：非常感谢您对我们的支持，我们会尽快帮您安排发货的。

7. 店铺常见公告

例句1：本店默认发××快递，其余快递不发，需要到付的可以联系客服改运费。

例句2：5月4日—5月11日"××家居致母亲"主题活动，全场3折，满599元送U盘1个，详情请点击下方链接咨询！

8. 结束语

例句1：期待您的下次光临，祝您晚安。

例句2：感谢您的光临，您如果对我们的产品满意请给我们5分好评，如有什么问题请及时联系我们。

🔍 知识拓展

查看配套资源中的知识拓展。

通过上网查阅资料，收集整理或者自行编制常用客户服务快捷语。运用 Excel 表格汇总，制作客户服务常用快捷语一览表。每个同学收集不少于20条快捷语，并进行课堂分享与评价。

知识拓展

网店客服常见问题

（二）智能工具在客服快捷语编制中的应用

在传统客服工作中，快捷语的编制依赖于人工总结和归纳，通常基于客服的常见问答场景、客户反馈及企业话术规范。然而，随着人工智能技术的发展，越来越多的国产智能工具，如 DeepSeek、Kimi、文心一言等可以帮助企业自动生成、优化和管理客服快捷语，提高客服效率，提升客户体验。

1. 利用 AI 大模型自动生成快捷语

国产 AI 大模型，如 DeepSeek、Kimi、文心一言等，可以基于企业客服数据，自动分析客户常见问题并生成标准化的快捷回复。例如，在 Kimi 的 API 或 DeepSeek 的自定义对话模式下，输入客服行业的高频问题：如何申请退款？AI 即可自动生成一套标准化的快捷回复，并根据企业语气风格调整，使其更加贴合品牌调性。

2. 关键词匹配优化快捷语

智能客服工具（如豆包 AI、文心一言、通义千问）可以基于关键词匹配优化快捷语。当客户输入问题时，AI 会自动识别核心关键词，并匹配最合适的快捷语。例如，在电商客服中，AI 可以自动识别"物流""发货""退款"等关键词，并推荐相关快捷语，提高客服响应速度。

3. 语境感知智能推荐快捷语

国产大模型在语境理解方面取得了突破。例如，文心一言工具能够基于客户的对话内容和情绪，智能推荐适合的快捷语。Kimi AI 可以结合历史聊天记录，判断客户的情绪状态（如焦虑、不满、疑惑）并推荐不同的应对策略。

4. AI 训练自定义快捷语库

企业可以利用国产 AI 工具训练自己的快捷语库，使其更符合业务需求。例如，使用 DeepSeek 和 Kimi 训练一个专属的客服快捷语模型，将企业过往的客服聊天记录输入 AI 系统，让其学习企业的沟通风格，并生成自动化的快捷语方案。此外，一些低代码智能客服平台（如百度智能云客服、阿里云智能客服）也支持自定义快捷语库的训练，使客服沟通更具一致性和品牌特色。

5. 多渠道自动适配快捷语

AI 工具还能够帮助企业在不同沟通渠道中自动适配快捷语。例如，在社交媒体客服中，Kimi AI 可以生成更轻松、互动性更强的快捷语，而在正式邮件沟通中，文心一言可以调整语气，使其更专业、正式。DeepSeek 等 AI 工具可以根据不同平台的沟通特性，推荐最合适的快捷语，确保客户体验的一致性。

（三）客户服务快捷语的导入

客服快捷语可以用 Excel 或 WPS 表格编辑，保存为 CSV 格式的文件，然后再导入千牛等在线交流工具。以千牛工作台为例，客服快捷语的导入非常简单。用 Excel 汇总已编制好的快捷语，然后命名并存储在桌面上。登录千牛卖家页面，单击【客服】-【接待管理】-【接待工具】，单击"人工接待工具"中的"快捷短语"即可导入快捷语的 Excel 表格。此外，还可以在页面导出快捷语、分组或者直接从模版添加快捷语，也可以直接编辑修改快捷语，如图 7-2 所示。

图 7-2　快捷语导入界面

任务三　智能电商客户服务具体实施

情景任务

　　小张在上一任务的学习中掌握了产品介绍与编制客户服务快捷语的方法。接下来需要了解电商客户服务具体实施的整个流程及不同环节的客户服务关键技巧。那么，接下来就跟随小张来了解一下相关知识吧！

　　本任务点目标：掌握接待客户的流程；

　　　　　　　　　能够熟练地处理异议；

　　　　　　　　　能够快速准确地分析客户的购买心理；

　　　　　　　　　能够熟练掌握与灵活应用促成交易的技巧；

　　　　　　　　　学会管理不同状态的订单；

　　　　　　　　　能够熟练解决常见售后问题。

一、接待客户

　　客服人员是接触客户的第一线，一言一行都代表店铺和公司的形象。为确保服务质量，客服人员需要熟知产品相关知识，熟悉买家购物流程和物流、支付等操作。在智能化技术的辅助下，客户接待可以更加高效且个性化。

（一）客户接待的一般流程

　　电商平台上的客户在寻找产品时，大多数都会进行详细的比较后才进入店铺，因此，他们的购买目的性较强。客服人员需要提供热情且专业的接待。接待的一般流程如下。

1. 迎接并问好。利用智能客服工具设置欢迎语，热情地招呼进店客户，例如："欢迎光临，很高兴为您服务！"此外，智能客服可以根据客户的历史浏览数据进行个性化问候，增强互动感，如："您好，欢迎回到我们的店铺！看到您对我们的新品感兴趣，是否需要帮助？"

2. 询问。主动询问客户需求，并结合智能推荐系统，提前推送相关产品。例如："您好！请问有什么可以为您效劳的？"同时，智能客服可以实时分析客户行为，如浏览历史和搜索关键词，提供定制化的询问和产品推荐。

3. 解答咨询。通过人工智能技术，客服人员可以迅速获取精准的产品信息，结合智能推荐系统，为客户快速提供专业的解答并进行产品推荐。同时，客服系统能够根据客户的反馈，持续优化推荐内容，确保客户需求得到准确回应。

4. 提醒客户是否还有其他的需求：利用智能工具进行关联销售推荐。例如："我门店最新款的羽绒童装已经上市了，卡通形象非常漂亮，如果您感兴趣，可以去看看！"智能化系统会分析客户的购买历史和兴趣点，推送个性化的相关产品。

5. 引导客户下单：智能客服系统可以设置引导性提示，激励客户下单。例如："您的选择真不错！这款产品在我们的平台上非常受欢迎，点击立即购买，就能马上拥有。"同时，系统可以分析客户的购物行为，适时推送促销信息，增加购买动力。

6. 跟踪订单，核对订单：在客户下单后，智能客服可以自动跟踪订单状态，并提醒客户订单和物流信息，减少人工干预。同时，系统可以自动核对产品信息，避免出现错误，并告知客户最常用的快递公司与运费情况。

7. 感谢与祝福语：在订单完成后，智能客服工具可以自动发送感谢信息，并邀请客户加入会员或关注店铺。"非常感谢您的惠顾与支持！期待您的再次光临。再见！"此外，可以在智能系统中对客户信息进行分类，以便于后续的精准营销与客户管理。

（二）智能化客户接待的优化措施

1. 即时响应：智能客服系统能够快速响应客户咨询，确保首次接待时间不超过 15 秒，并高效处理重复性问题，减轻人工客服负担。

2. 精准需求识别：通过大数据和机器学习，系统可以预测客户的需求，提供个性化推荐和服务，帮助客户更快找到所需产品。

3. 主动推荐与关联销售：智能推荐系统根据客户的浏览和购买行为，实时推送相关产品和促销活动，提高客单价和购买转化率。

4. 情感分析与关系建立：通过情感分析，系统能够识别客户的情绪，并根据其反馈调整回应方式，从而提高客户的满意度和信任感。

5. 问题处理与销售引导：当客户遇到困难或有异议时，智能客服可以迅速提出解决对策或者转移话题，并引导客户完成交易，确保顺利成交。

谈一谈

接待过程中存在一些服务禁忌语，请根据前文并结合现实生活，举例谈谈有哪些禁忌语。至少列 3 条。

_____

_____

二、处理异议

异议是指在销售过程中，客户对客服人员的不赞同、质疑或拒绝。常见异议有"价格太贵了！""质量能保证吗？"等。客户提出异议，证明已经对产品产生兴趣，并希望进一步了解产品。因此，客户的异议既是成交的障碍，也是成交的机会，客服人员要把握好机会。

（一）异议产生的原因

产品的质量、功能、造型、式样、包装、价格等不能令客户满意，而引起客户提出异议的情况比较常见。销售过程中常见的异议就是价格异议。另外，客户由于自身的认知能力、购物习惯、经济水平等不同，也会对客服人员及其推荐的产品提出一些异议。如果客服人员在沟通过程中态度、举止不当，或使用过多的专门术语让客户感觉不愉快，进而使其产生抗拒心理，也会引发异议。

（二）处理异议的方法

销售的过程本身就是一个"异议—同意—异议"的循环过程，每一次交易都是一次"同意"的达成，以下几种方法可以较好地处理异议。

1. FFF 法

FFF 即感觉（Feel）、客户的感受（Felt）、找到（Found）客户的需求。该方法的目的是改变客户的观点，让他认同客服人员和产品。例如下面的对话。

客户："你家产品的价格太高了。"

客服人员："我明白您的感受，很多客人刚开始和您的感受是一样的，使用后他们才发现，我们产品的使用寿命比别的产品长，购买我们的产品比买其他的产品更划算。"

2. 顺应法

屡次正面反驳客户，会让客户恼羞成怒，就算客服人员说得都对，还是会引起客户的反感。因此，客服人员不宜直接提出反对的意见。在表达不同意见时，尽量利用"是的……如果"的句式，用"是的"同意客户部分的意见，用"如果"表达在另外一种状况下怎样比较好。

谈一谈

请比较下面的两种说法，并阐述你的感受。

A："您的想法不正确，因为……"

B："您有这样的想法，一点也没错，当我第一次听到时，我的想法和您完全一样，可是如果我们做进一步的了解……"

_____

_____

3. 太极法

将客户拒绝的原因转变为说服他购买的理由，类似太极中的借力打力。例如下面的对话。

客户："我这种身材，穿什么都不好看。"

客服人员："您身材很好，是您没买到合适的衣服。我们这款衣服就是修身款！"

？想一想

客户："我平时很少出门，不经常使用这些化妆品。"

请思考如果使用太极法，你会如何进行异议处理。

_____

_____

4. 询问法

询问法在处理异议中有两个作用，一是可以把握客户真正的异议点，二是能避免直接反对客户，以免引起更多的异议。例如下面的对话。

客户："我希望价格再降百分之十！"

客服人员："我相信您一定希望我们给您提供百分之百的服务，难道您希望我们提供的服务也打折吗？"

5. 补偿法

当客户提出的异议有事实依据时，客服人员应该承认并欣然接受，强烈否认事实是不明智的举动。此时，客服人员要给客户一些补偿，让他取得心理上的平衡，也就是让他产生产品性价比相对合理的感觉。例如下面的对话。

客户："这个产品别的方面还不错，就是包装看起来有些粗糙。"

客服人员："您说得没错，这个包装确实不太精致，但如果产品质量好再加上豪华的包装，价格恐怕要高出不少呀！"

想一想

客户："这个皮包的设计、颜色都非常棒，可惜皮的品质不是最好的。"
请思考如何使用补偿法进行异议处理。

_____

_____

三、促成交易

（一）分析客户的购买心理

客服人员需面对各种各样的人，因此客服人员需要从心理学层面去了解客户的真正需求。客户决定购买产品一般会有以下几种心理。

1. 求实心理

求实心理以追求产品的实用性为主，如菜刀切菜、羽绒服保暖、雨伞遮雨等。这是大多数客户购买产品时最原始的考虑。

有求实心理的客户通常是理性的。因此，客服人员要提高自身专业性，当客户问及产品信息的时候能详细地讲解。另外，客服人员要学会站在客户的立场思考问题，主推高性价比产品。客服人员一定要避免夸大事实、弄虚作假，要实事求是地说出产品的优缺点，避免产生纠纷、投诉、退货等不良后果。

2. 求美心理

一些客户以追求产品美感为主要购买目的，关注产品的款式、色彩、时尚性和包装等。这类客户心理年龄偏年轻，追求时尚、潮流。

在客户服务过程中，如果客户常常说到"好看""漂亮""时尚"等字眼，则其可能是有求美心理的客户。对于这类客户，客服人员需要结合当下流行趋势，主推店内款式时尚、颜色独特的产品，尤其是当季新款。同时，在销售过程中，应强调设计师的设计思路、设计风格，尽量展示产品的美感。客户选购之后，客服人员要多对客户的品位进行夸奖和肯定。

3. 求名心理

一些客户以表现身份、地位为主要购买目的，注重价位、品牌知名度，一般只关注名牌产品。这类客户购买能力和品牌意识非常强。

因此，客服人员要重点向客户介绍品牌的历史、文化内涵及品牌在行业内的地位与知名度，引起客户对该品牌的兴趣。

4. 求速心理

一些客户以追求快速、方便为主要购买目的，注重购买的时间和效率。这类客户通常比较繁忙，时间意识比较强，性格爽快，想利用最短的时间、最简单的方式购买到优质产品。这类客户一般年龄集中在 20～30 岁。客服人员在短时间里做好优质产品推荐即可。

（二）掌握促成交易的技巧

在销售过程中，为了与客户达成交易，智能客服需要具备促成交易的技巧。具体如下所示。

1. 利用"怕买不到"的心理

智能客服系统可以实时跟踪库存情况，并自动向客户发送紧急提醒，利用库存短缺信息来激发客户的购买欲望。例如，系统可以自动提示："该款产品剩余库存仅有 2 件，您可以马上下单，确保获得。"此外，智能工具还可以根据客户的浏览和购买历史，判断其兴趣的产品并主动推送相关优惠信息。

2. 利用客户希望快点拿到产品的心理

智能客服系统可以与物流系统对接，根据客户的位置和购买时间，实时显示预计发货和到货时间，甚至可以设置"立即支付，立刻发货"的提示，推动客户尽快下单。例如："快递将在 10 分钟后取件，您支付后将立刻发货，最快明天收到！"

3. 采用"二选其一"的技巧来促成交易

通过数据分析，智能客服系统可以根据客户的浏览历史、兴趣和购物习惯，主动提供二选一的选择。例如："您是更倾向于选择第 14 款，还是第 6 款？根据您的浏览记录，这两款是您最感兴趣的。"这种个性化的提问可以减少客户的选择疲劳，帮助其快速做出决定。

4. 帮助准客户挑选来促成交易

当客户在挑选产品时，智能客服可以自动分析客户的偏好和浏览行为，提供个性化的建议。例如，通过分析客户的搜索历史，系统可以推荐适合客户的颜色、款式或规格，并通过自然语言提示："根据您的浏览记录，您可能会喜欢这款，试试看？"一旦客户的偏好被精准识别，订单就能顺利推进。

5. 积极推荐促成交易

利用智能推荐系统，客服可以根据客户的购买记录和浏览历史，自动推送相关的产品，并提供动态的优惠信息。例如："基于您的购买历史，这款是我们最畅销的款式，现在有特别折扣，您可以考虑一下。"系统还可以在客户犹豫时，自动展示相关的热销产品、促销活动及库存状态，激励客户尽快下单。

四、管理订单

管理订单主要指管理交易流程，它是确保交易顺利进行的关键环节。当前智能化工具的引入为订单管理带来了极大的便利，不仅提高了工作效率，还提升了客户体验。

（一）等待买家付款

智能化提醒与跟进：智能客服系统可以自动检测"等待买家付款"状态，并在适当时间提醒买家付款。例如，系统可以在买家未付款时通过自动化消息提醒："亲爱的顾客，您的订单仍待付款，快来完成支付，享受优惠！"

智能自动关闭交易：如果买家长时间未付款，智能系统可以自动向卖家发送提示，建议卖家关闭交易，减少人工干预。系统还可以根据预设的条件（如超时未支付）自动关闭交易。

（二）等待发货

自动化发货管理：系统可以根据交易状态自动提示卖家填写发货单号，并自动同步物流信息到客户端。例如，系统会发送提示："您的订单已经付款成功，点击这里填写发货信息"。

智能物流推荐：根据客户的地理位置、产品种类等信息，智能系统可以为卖家推荐合适的物流公司，帮助提高发货效率。

（三）退款中

智能退款处理：当客户提出退款申请时，智能客服系统可以根据退款理由自动判断并提供初步处理建议。例如，系统根据产品质量问题或实物与描述不符等原因，自动提示卖家进行退款处理，并为客户提供自动化进度跟踪。

自动化退款提醒与审核：系统可以设置自动提醒卖家处理退款申请的时间节点，并在退款处理完成后自动发送确认信息给买家，例如："您的退款已成功处理，款项已退回至您的账户。"

（四）需要评价

智能化评价引导：在交易完成后，智能客服系统可以自动向买家发送评价邀请，并引导其进行评分。例如："感谢您的购买，您的反馈对我们至关重要，请在此为我们留下宝贵评价。"

智能化评价提醒：如果客户未进行评价，系统可在适当时间自动发送提醒消息，推动客户完成评价，帮助卖家提高信用评分。

（五）关闭的订单

自动化交易关闭：当交易达到超时状态或买家未付款时，系统可自动关闭交易，避免人工干预。例如："您的订单未在规定时间内付款，已自动关闭。"

智能订单归档：系统可以根据订单的最终状态（如已关闭、已退款等）自动归档，并生成统计数据，帮助商家分析交易流程中的问题。

五、提供售后服务

售后服务是整个产品销售过程的重中之重。良好的售后服务会带给客户非常好的购物体验，提高客户忠诚度。

（一）售后问题解决流程与智能化支持

客服人员在处理售后问题时应热情主动，利用售后服务拉近与客户的关系。随着智能客服的普及，商家可以结合语音 AI 助手、智能聊天机器人、微信小程序等方式，在保证高效沟通的同时降低客服负担。

处理售后问题一般有 5 个步骤，并可结合智能化工具优化流程。

1. 安抚客户

AI 客服可以通过自然语言处理（NLP）识别客户的情绪状态。当识别到客户存在高情绪波动时（如愤怒、焦虑等），客服人员需要及时介入，进行个性化安抚和精准解决方案推荐。在高峰期或非工作时间，AI 客服也可以第一时间回复客户常见问题，减少客户等待时间。

2. 核实信息

AI 客服可以直接连接订单管理系统，自动提取客户的订单状态、物流信息、支付情况等，对存在的售后问题进行核实，大幅减少人工查询时间。此外，客户提交退换货凭证时，智能系统可以自动识别并核对信息，提高审核效率。

3. 联系处理

一旦确认问题，系统可自动创建售后工单，并智能分配给相应客服或物流部门，确保快速处理。系统可根据历史数据自动推荐最优解决方案，客服人员只需确认并执行，提高处理效率。

4. 跟踪进度

智能客户服务系统可以通过短信、App 通知或微信等方式，实时向客户推送订单进展、物流状态或售后处理进度，减少客户主动咨询的次数。如果某个环节超时未处理，系统可自动提醒相关人员跟进，避免问题积压。

5. 回访客户

售后服务完成后，智能语音机器人或自动化系统可以向客户发送满意度调查，收集反馈并生成数据分析报告。对未解决问题或不满意的客户可以进行人工跟进，确保客户最终满意度。此外，基于客户的购物和售后记录，AI 系统可以提供相关产品推荐或优惠券，提高客户的复购率。

（二）常见售后纠纷解决与智能化支持

1. 快递不到

通过智能化物流跟踪系统，客服人员可以实时查询快递状态，并在问题发生时立即联系物流公司进行处理。处理过程中后台做好备注，随时进行售后跟踪，及时向客户反馈物流信息，以便快速有效解决问题。同时，系统也可以自动更新客户的物流信息，减少人工干预。

2. 退货、换货

智能客服可以根据客户反馈自动生成退换货流程，并根据不同情况智能推荐退换货政策。系统可以自动检测退换货频率，并分析潜在的风险，协助客服人员提前解决问题，避免过多的退换货。

3. 缺货

当产品缺货时，智能客服系统可以立即推荐相似或热销的替代产品，并提供优惠或赠品，以增加客户的满意度和成交率。同时，系统可以自动记录客户的产品偏好，提供个性化推荐。

可使用如下话术进行沟通。

（1）如果您不介意，我给您推荐两款热销产品，保证今天一定给您发出去，并赠送一份小礼物，表示我们的歉意，您看可以吗？

（2）如果您没有看好的款式，您申请下退款，我这边会联系售后给您解决，再次为我们的过错真诚道歉。

4. 快递慢

智能物流系统可以实时监控快递进度并自动提醒客户延误情况。若快递延误，系统可以提前通知客户，并给出合理解释和补偿建议，以增强客户信任。

可使用如下话术进行沟通。

您好，我们都是下午 3 点之前的货当天发出，下午 3 点以后的非预售款式次日发出，现在我马上和快递联系，给您跟踪下哦。

技能测试

一、不定项选择题

1. 在客户服务中，智能化系统的作用主要体现为（ ）。

　　A. 提高客服人员的工作效率

　　B. 增加客服人员的工作负担

　　C. 降低客户满意度

　　D. 削弱客户与企业之间的联系

2. 以下不属于 FAB 法则的是（ ）。

　　A. 特点　　　　　　B. 优点　　　　　　C. 好处　　　　　　D. 客户需求

3. 以下属于处理客户异议的方法的是（ ）。

　　A. 补偿法　　　　　B. 询问法　　　　　C. 太极法　　　　　D. 顺应法

4. 以下属于客户购买心理的是（ ）。

　　A. 求实心理　　　　B. 求美心理　　　　C. 求名心理　　　　D. 求速心理

5. 客服人员在处理客户投诉时的最佳做法是（ ）。

　　A. 对客户的投诉置之不理，不回复客户信息

　　B. 向客户提供解决问题的积极建议并及时跟进处理

　　C. 将客户的投诉转交给其他部门处理，不做任何回复

　　D. 忽视客户投诉，直接删除相关信息

二、判断题

1. 客服人员在处理客户投诉时应该忽视客户的意见，只专注于解决问题。（ ）

2. 智能推荐系统可以根据客户的浏览和购买行为进行产品推荐。 （   ）

3. 京东咚咚是典型的在线客服系统。 （   ）

三、思考题

1. 电商客服人员的素质要求是什么？

2. 电商客户服务的具体实施步骤有哪些？

3. FAB 法则的常见问题分析有哪些？

案例分析

亲切的问候语+关联营销

客户：“在吗？”

客服人员：“您好，欢迎光临××旗舰店，我是导购××，请问有什么可以帮到您的吗？”

客户：“我想买一款面膜，可以推荐一下吗？”

客服人员：“请问您是什么肤质的呢？不同的面膜适用不同的肤质。”

客户：“我平时皮肤有些过敏，总觉得有些痒痒的。”

客服人员：“那您的肤质属于过敏肤质，我为您推荐一款能缓解皮肤过敏的面膜，请您稍等一下。”

客户：“这真的对过敏的皮肤有帮助吗？”

客服人员：“是的，我们每款产品都经过了国家严格的检验，质量有保证，请放心选购。”

于是客服人员为客户推荐了一款专门针对过敏肤质的面膜。

客户：“好的，那我就选这款试试。”

客服人员：“嗯嗯，好的。请问您平时有护肤的习惯吗？”

客户：“没有。”

客服人员：“但您的皮肤状态很不错啊。”

客户：“您真会说话。”

客服人员：“护肤对人的皮肤有着重要的意义哦，因为每天所在的环境中都有灰尘，每天护肤就像给自己换一身衣裳，非常清新健康。使用一套完整的护肤流程是非常重要的。”

客户：“好的，你有什么推荐吗？”

客服人员：“您先看看这款精华液，先使用这款精华液，再使用面膜，效果很不错。”

客户：“好的，我看看。”

客户：“好的，我买了。”

客服人员：“好的，谢谢您的支持，您可以收藏一下我们店铺，还有很多好物供您选择。”

【思考与讨论】

1. 请分析该对话中客服人员的回应。

2. 请谈谈这则案例对你的启示。

 **项目实训**

【实训内容】

以情景任务中小张摄影工作室的创业情况作为实训背景，结合本项目的重点知识，任选某一产品类型，利用 FAB 法则进行卖点提炼与优势分析。并根据电商客户服务不同环节下的客户问题制定客户服务快捷语。具体流程如下。

（1）每 3～5 人为一组，组内划分不同角色，包括客服人员与客户。

（2）结合所选产品类型，利用 FAB 法则进行产品的卖点提炼与优势分析。

（3）根据提炼出的卖点和企业的服务特点，进行客户服务快捷语的编制。

（4）当客户沟通方式转为线下沟通，请各组设计接待、沟通方案。客户提出异议，客服人员制定解决问题的方法，请组内扮演相关角色的学生进行模拟、展示。

（5）教师在模拟过程中及时指正学生的错误，或向学生提问，强化理解。最后由教师总结评价。

【实训评价】

任务完成后以 PPT 形式进行课堂展示，班级进行小组自评、小组互评和教师评价。

实训评价表如表 7-1 所示。

表 7-1　实训评价表

评价标准	小组自评（30%）	小组互评（30%）	教师评价（40%）
能够按照实训要求完成所有实训任务（10分）			
能够运用 FAB 法则进行产品分析（20分）			
能够编制恰当的客户服务快捷语（25分）			
能够恰当处理客户的各种异议（25分）			
达到团队协作、职业规范与职业素养目标（10分）			
课堂展示真实、全面、深刻、流畅（10分）			

拓展延伸

【拓展 7-1】

查看配套资源中的知识拓展，并概括淘宝新灯塔客户服务指标的内容。

知识拓展

淘宝新灯塔客户
服务指标

_____

_____

_____

【拓展 7-2】

查看配套资源中的知识拓展，并概括拼多多客户服务指标的内容。

_____

_____

_____

知识拓展

拼多多客户服务
指标

客户满意与忠诚

多彩知识树

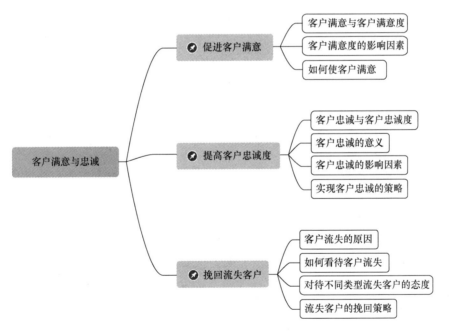

客户满意与忠诚

- 促进客户满意
  - 客户满意与客户满意度
  - 客户满意度的影响因素
  - 如何使客户满意

- 提高客户忠诚度
  - 客户忠诚与客户忠诚度
  - 客户忠诚的意义
  - 客户忠诚的影响因素
  - 实现客户忠诚的策略

- 挽回流失客户
  - 客户流失的原因
  - 如何看待客户流失
  - 对待不同类型流失客户的态度
  - 流失客户的挽回策略

课前小故事

胖东来：从客户满意度出发的商业成功之道

在中国零售业受到电商冲击、实体商超普遍陷入"关店潮"的背景下，河南许昌起家的胖东来凭借其卓越的客户满意度和严格的食品安全治理，逆势增长，成为实体经济的现象级标杆。其成功不仅在于优质商品和合理价格，更在于始终将客户满意度放在首位，打造出超越客户预期的购物体验。

一、从客户满意度出发：创造无可比拟的购物体验

1. 极致服务与体验的场景革命

胖东来通过提供细致入微的服务，展现了它对客户的深刻关怀。首先，店内提供的冰袋，方便客户保存易变质商品；店内设置宠物寄存区，让带宠物出行的客户放心购物。为照顾老年客户，胖东来还提供了带有放大镜的购物车，并为带小孩的家庭提供婴幼儿手推车，充分考虑到了不同客户的需求。除了这些便捷的设施，胖东来还设有母婴室、儿童游乐区、免费微波炉和自助饮水机等，进一步优化客户的购物环境。

2. 员工激励与服务承诺

胖东来的成功还离不开其独特的企业文化和管理模式。公司倡导"公平、自由、快乐、博爱"的文化理念，员工被视为亲人，客户被当作朋友。这种氛围激发了员工的工作积极性，保证了服务的高质。员工待遇也十分优厚，保洁员的工资在行业中堪称领先，员工还享有周二闭店休息、一年140天的假期福利，并提供健身房、按摩椅等休息设施，从而提高员工的满意度，间接提高了客户的满意度。

3. 数字化赋能与线下体验的结合

胖东来开发了"胖东来App"，实现了线上选购功能，但始终坚持"线下体验优先"的理念，线上销售占比控制在10%以内，避免成为电商平台的展示柜。这一策略不仅增强了客户的线上购物便利性，还让线下购物的体验感得到最大化的提升。

二、食品安全治理的"笨功夫"：让客户吃得更放心

1. 供应链透明化与从源头到货架的信任革命

胖东来对食品安全的执着追求贯穿于整个供应链管理中。首先，胖东来设立了自有的"胖东来农场"，并对蔬菜基地实施土壤重金属、农药残留的动态监测，确保产品从源头上就符合安全标准。自营蔬菜的检测结果每日公示，让客户对产品的质量和安全充满信心。

此外，胖东来建立了严格的供应商管理体系，设立了"供应商黑名单"，对不合格的品牌进行处罚，并要求供应商进行无尘化加工车间建设。2022年，胖东来因某品牌水果农药超标而下架该品牌，并永久终止合作，展现了其对食品安全的零容忍态度。

2. 卖场终端的"零容忍"制度

胖东来严格执行每日销毁制度，对于当天未售出的熟食和烘焙产品，一律销毁，

这一制度年损耗超过 2000 万元，但却为胖东来赢得了"闭店前 1 小时熟食区仍敢放心购买"的良好口碑。在检测方面，胖东来还投入 3000 万元建立了 CNAS 认证实验室，能够检测 200 余项食品安全指标，检测频次是国家标准的 3 倍，确保每一批产品都能通过严格的检测。

3．鼓励客户参与监督，提高信任感

为了让客户更加信任其产品的安全性，胖东来还设立了"投诉奖"制度，鼓励客户主动参与监督。一旦问题得到核实，胖东来会给予 500 元的奖励，极大增强了客户的参与感与安全感。2023 年，胖东来仅收到 12 起食品安全相关的投诉，比上一年减少了 40%，这不仅体现了客户对胖东来食品安全管理的信任，也证明了胖东来在治理食品安全方面的有效措施。

三、从客户满意到品牌成功的全链条突破

胖东来的成功离不开对客户满意度的精细管理，从细致的服务体验到食品安全的严格把控，再到对员工的重视与激励，胖东来通过全方位的创新和改进，赢得了客户的信任与口碑。此外，胖东来巧妙地利用微信公众号和短视频平台，发布有趣的商品介绍和活动内容，吸引了大量关注，进一步提高了品牌的曝光度和客户的忠诚度。

思考与讨论：胖东来是如何提高客户满意度的？请具体分析。

学习目标

知识目标

1．了解客户满意与客户满意度的概念。
2．熟悉客户满意度的衡量指标。
3．了解客户忠诚的意义和影响因素。
4．掌握挽回流失客户的方法。

能力目标

1．能够利用衡量指标量化分析企业的客户满意度。
2．能够掌握实现客户忠诚的策略。
3．能够采取恰当策略挽回流失客户。

素养目标

1．培养诚信经营服务制胜的意识。
2．树立以客户为中心的服务理念。
3．树立换位思考的意识与精益求精的工匠精神。

任务一　促进客户满意

情景任务

　　经过客户投诉事件，摄影工作室的小张意识到让客户满意非常重要。那么到底什么是客户满意呢？我们应该如何让客户满意？客户满意度如何衡量呢？客户满意对企业有何意义？接下来小张将跟随大家一起来探寻这些问题的答案。

　　本任务点目标：掌握客户满意的概念；

　　　　　　　　　理解客户满意理念；

　　　　　　　　　掌握客户满意度的衡量指标；

　　　　　　　　　理解客户满意的意义。

一、客户满意与客户满意度

（一）客户满意的概念

　　1965 年，美国学者卡多佐首次将客户满意的观点引入营销领域，学术界由此掀起了研究客户满意的热潮。

　　奥利佛认为："客户是否满意是客户的实践反应，它是判断一件产品或服务本身或其特性的尺度，或者说，它反映了客户的一次消费经历的愉快水平。"

　　亨利·阿赛尔认为："客户是否满意取决于产品的实际消费效果和客户预期的对比，当产品的实际消费效果达到客户的预期时，客户就会满意，否则，客户就会不满意。"

　　菲利普·科特勒认为："满意或不满意是指个人通过将产品的可感知效果与他的期望相比较所形成的愉悦或失望的感觉状态。"

　　总之，客户满意或不满意属于主观感受。当客户的实际感知并未达到期望时，客户就会失望，从而导致不满；当实际感知与期望一致时，客户并不一定会非常满意，但也没有不满意的感觉；而当实际感知超出期望时，客户会感到"物超所值"，才会很满意。由此可以看出，客户满意是客户的需求被满足后形成的愉悦感或状态，实质是一种心理活动。

（二）客户满意理念

　　作为一种经营哲学和经营战略，客户满意理念最早应用于汽车行业，并且取得了显著的成效。之后，客户满意理念逐渐在各行各业得到了广泛应用和迅速发展。

　　客户满意理念主要内容如下。

　　（1）企业应该将客户的需求定位为生存发展的基础，并且以满足客户需求、使客户满意作为企业的经营目的。这就要求企业的全部经营活动的出发点是满足客户需求，企业的责任和义务是提供满足客户需求的产品或服务。

　　（2）企业应该从客户的角度来分析和考虑客户的需求，包括客户需要什么样的产品或服务、客户愿意为产品或服务付出多少成本、如何才能让客户更加便利地获取产品或服务，以及客户更倾向于什么样的促销方式。

企业应通过采取有针对性的手段及提高服务水平，给客户创造最大的价值，从而使客户满意。

课堂案例

查看配套资源中的课堂案例，谈谈你对案例的想法。

课堂案例

华为的客户服务理念

_____

_____

_____

（三）客户满意的意义

1. 客户满意是实现客户忠诚的基础

客户忠诚对企业来说是非常理想的一种客户状态，忠诚的客户会重复购买同一品牌的产品或者服务，且意志坚定，不为其他品牌所动摇。

对客户来说，曾经使客户满意的企业很可能再次得到客户的垂青，同样的，这类企业也会再次地使同类客户或多类不同客户满意，形成忠诚客户群体，从而降低各种不确定性。反之，没有令客户满意的企业，将很难形成忠诚客户群体。可见，实现客户忠诚的基础是客户满意，保留老客户的主要方法也是让客户满意。

卡多佐将客户满意的观点引入营销领域时，就提出客户满意会带动再购买行为。菲利普·科特勒也认为，保持客户的关键是让客户满意。

2. 客户满意是企业战胜竞争对手的最佳手段

企业家福特说过："最有效、最能满足客户需求的企业，才是最后的生存者。"随着市场竞争的加剧，客户在市场中的主动性越来越强，客户满意度逐渐成为企业之间竞争的关键。

可见，只有能够让客户满意的企业才能在激烈的竞争中获得长期的、起决定性作用的优势，从而战胜竞争对手、赢得市场。

3. 客户满意是企业取得长期成功的必要条件

美国某机构提供的调查数据表明：

（1）平均每个满意的客户会把他满意的购买经历告诉 12 个人，这 12 个人里，在没有其他因素干扰的情况下，有超过 10 个人表示一定会购买；

（2）平均每个不满意的客户会把他不满意的购买经历告诉 20 个人，而且这 20 个人都表示不愿接受恶劣的服务。

客户权益保护理念的兴起，使企业不得不站在客户的角度考虑问题，更加重视客户的感受，并且努力让客户满意。当然，让客户满意也可以帮助企业节省维系老客户的费用，满意客户的口头宣传还有助于企业降低开发新客户的成本、充分利用口碑效应、树立良好的企业形象等。

可以说，客户满意是企业持续发展的基础，是企业取得长期成功的必要条件。

总之，客户满意是企业实现客户忠诚的基础，是企业战胜竞争对手的最佳手段，更是企业取得长期成功的必要条件。在竞争激烈的市场环境下，没有哪家企业可以在客户不满意的状态下持续发展。

课堂案例

查看配套资源中的课堂案例，谈谈小米提高客户满意度和忠诚度的措施。

_____

_____

_____

课堂案例

小米提高客户满意度和忠诚度

（四）客户满意度的概念

1965 年卡多佐提出客户满意度理论。早期客户满意度方面的研究主要集中在产品方面，而卡多佐认为提高客户的满意度，会令客户产生再次购物的行为，而且客户不会购买其他产品。

客户满意度是衡量客户满意程度的指标。客户满意度常常通过随机调查获取样本，以客户对特定满意度指标的打分数据为基础，运用加权平均法计算得出。

客户满意度管理是 20 世纪 90 年代兴起的营销管理战略。企业不仅要了解外部客户的满意度，而且要了解内部客户，即员工的满意度，从而揭示企业在客户价值创造和传递方面存在的问题，并以实现全面的客户满意为目标，探究、分析和解决问题。

（五）客户满意度的衡量

一般可以用以下指标来衡量客户满意度。

1. 指名度

指名度是客户指名消费，或者购买某企业或品牌的产品或服务的程度。如果客户指名购买某产品，不惜放弃其他产品，则表明客户对该产品是非常满意的。

2. 回头率

客户购买了某企业或品牌的产品或服务之后，愿意再次购买，这就是回头客。回头率是指回头客的数量占总客户数量的比重，反映了企业对客户的保留能力及客户对企业的忠实程度。

回头率是衡量客户满意度的主要指标。如果客户不再购买某企业或品牌的产品或服务，而改为购买其他企业或品牌的产品或服务，就表明客户对该企业或品牌的产品或服务很可能是不满意的。

在一定时期内，客户的回头率越高，说明客户的满意度越高；反之，客户的回头率越低，说明客户的满意度越低。

3. 美誉度

客户对企业或者品牌的褒扬程度可以称作美誉度，借助美誉度，可以了解客户对企业或品牌所提供的产品或服务的满意程度。

一般来说，持褒扬态度、愿意向他人推荐企业或品牌及其产品或服务的客户，对企业或品牌提供的产品或服务是非常满意或者满意的。反之，若客户不愿意推荐企业或品牌的产品或服务，则表明客户对此并不满意。

4. 对价格的敏感度

客户对某企业或品牌的满意度一般也表现为客户对某企业或品牌的产品或服务的价格的承受能力，即客户对价格的敏感度。

当企业或品牌上调产品或服务的价格时，客户会表现出不同的反应。如果客户接受产品或服务涨价并且乐意买单，则表明客户对该企业或品牌的产品或服务非常满意，并有强大的承受能力来承担价格的上涨；反之，如果客户对产品或服务的涨价非常敏感，并转而去购买竞争对手的产品或服务，则说明客户对本企业或品牌的产品或服务的满意度不高。

5. 购买额

购买额是指客户购买某企业或品牌的产品或服务的金额。一般来说，客户对某企业或品牌的购买额越大，表明客户对该企业或品牌的满意度越高；反之，购买额越低，则满意度越低。

6. 投诉率

投诉率是指客户在购买了某企业或品牌的产品或服务之后，由于不满意所发生的投诉的比例。显然，客户投诉体现的是客户不满意，且客户的投诉率越高，客户就越不满意。投诉可以分为显性投诉和隐性投诉。

（1）显性投诉是指公开的、有记录的、正式的投诉。

（2）隐性投诉是指当客户对某企业或品牌的产品或服务不满时，不向相关负责人员提出投诉，而是私下传播不满情绪，影响他人不再购买该产品或服务。

所以，衡量客户满意度不能只看显性投诉，而应该通过各种方式去发现可能存在的隐性投诉。客户每 4 次购买中会有一次不满意，而只有 5%的不满意客户会进行显性投诉，另外 95%的不满意客户只会进行隐性投诉，然后默默地转向其他企业或品牌，这 95%的客户的影响力是非常大的。

7. 事故承受力

企业或品牌的产品或服务出现事故时，客户如果仍然能够保持忠诚，表现出容忍的态度，就表明客户对该企业或品牌一定非常满意。所以客户对某企业或品牌的满意度也体现在客户对某企业或品牌的产品或服务的事故承受能力上。

总之，客户满意是一种心理状态，这种心理状态是暂时的、不稳定的和主观性的。

企业应该随时了解客户的需求并加大力度改进产品或服务，尽量地满足客户的需求，提高客户满意度。

二、客户满意度的影响因素

菲利普·科特勒认为满意或不满意是个人通过将产品的可感知效果与他的期望相比较所形成的愉悦或失望的感觉状态。故可以认为，客户期望与客户感知价值就是影响客户满意度的主要因素，双方相比较的结果就是客户满意度。

（一）客户期望

客户期望是指客户在购买产品或服务之前对产品或服务的价值、质量、价格等方面的主观认识或预期。

1. 客户期望对客户满意度的影响

客户期望不同，客户对产品或服务是否满意或满意程度也不同。

不同的人对同样的产品或服务会有不同的感受，同一个人，在不同时期、不同背景下，对同样的产品或服务也会有不同的感受。究其原因，是不同的人对产品或服务的期望不同，同一个人在不同时期、不同背景下，对同样的产品或服务的期望不同。

当我们购买或接受一项较高规格的产品或服务时，我们可能不会特别满意，反而当我们购买或接受一项普通的甚至低规格的产品或服务时，会觉得比较满意。这是为什么呢？因为我们对较高规格的产品或服务会有更高的期望，当其某一点不满足我们的期望时，我们就会不满意。同样的，对于普通的或低规格的产品或服务，我们对其的期望会更低，当其任意一点高于我们的期望时，我们就会感到满意。

总之，客户期望对客户满意度是有重要影响的，企业提供的产品或者服务达到或超过客户期望，那么客户就会满意或很满意；而如果产品或服务达不到客户期望，那么客户就会不满意。

2. 影响客户期望的因素

（1）企业的促销水平

企业的促销水平即企业运用各类促销手段进行宣传的程度。相关手段主要包括产品包装、产品推介、广告、公关、营业推广等，企业通过多种手段相结合的宣传，使客户对产品或服务产生心理期望。客观真实的宣传，会使客户对产品或服务的期望比较理性，而夸大事实的宣传，则会让客户产生过高的期望，进而影响对产品或服务的满意程度。

（2）客户的消费经历

客户的消费经历会直接影响其对某种产品或服务的消费思维，也就是说，客户会对其即将购买的产品或服务有一个心理期望，消费经历的好坏会影响心理期望的高低。

如果客户之前没有此类消费经历，那么，其对产品或服务的认知、了解、期望等，都将取决于企业的促销水平。

（3）相关群体

人们的消费决定总是很容易受到亲朋好友、向往群体的影响，并因这些群体的影响而对某种产品或服务产生某种期望，进而影响自身的购买活动。

（二）客户感知价值

客户感知价值也可以理解为客户感觉价值，是客户在购买或者消费某种产品或服务的过程中，对企业提供的产品或服务的一种感知。

客户感知价值从根本上说就是客户让渡价值，是客户购买某种产品或服务所获得的总价值与客户为购买该产品或服务所付出的总成本之间的差额。

1. 客户感知价值对客户满意度的影响

客户感知价值对客户满意度有非常重要的影响。客户对产品或服务的感知不同，客户的满意程度亦不同。

我们可以将客户期望作为桥梁，来分析客户感知价值对客户满意的影响。假设客户对某种产品或服务的感知价值超过了其对这种产品或服务的期望，那么客户就会满意。反之，如果客户对某种产品或服务的感知价值并未达到其对这种产品或服务的期望，那么客户就会不满意。

总之，客户感知价值与客户满意度并不存在单纯的正相关关系，并非客户对产品或服务的感知价值越高，客户就越满意，客户满意度还取决于客户对该产品或服务的期望。

2. 影响客户感知价值的因素

客户感知价值的影响因素较多，一方面要考虑客户从产品或服务中所获取的总价值，如产品价值、服务价值、人员价值、形象价值等，另一方面要考虑客户在获取产品或服务的过程中所付出的总成本，如货币成本、时间成本、精力成本、体力成本等。

可以说：客户感知价值=客户获得的总价值（产品价值+服务价值+人员价值+形象价值）-客户付出的总成本（货币成本+时间成本+精力成本+体力成本）

（1）产品价值

客户在选购产品时，所考虑的主要因素就是产品价值，产品价值的大小主要由产品的品质、式样、品牌等共同决定。从某一层面来说，产品价值的大小是影响客户感知价值的关键因素。在其他条件不变的情况下，产品价值越高，客户感知价值就会越高，反之，产品价值越低，客户感知价值就越低。

产品的品质是产品价值的根本。客户对产品产生需求、进行选购的前提是对产品的品质的初步了解和认可。产品能否得到客户的认可，能否促进客户反复选购，能否实现客户忠诚，归根结底取决于产品的品质。

产品的式样是产品价值的外在表现。产品的式样要能够适应客户需求及偏好的持续变化，如果式样陈旧，那么客户的需求会得不到满足，这会使客户转而购买竞争对手的产品。

产品的品牌是产品价值的重要载体。品牌是产品的名片，是产品的灵魂，同时也是当今时代产品总体价值的代名词。品牌对企业提升产品价值至关重要，其越来越能够满足新时代客户对产品的需求。

（2）服务价值

服务价值是现代产品整体概念中不可或缺的重要组成部分，越来越多的企业在向社会公众提供产品时，都会将服务作为重点打造的特色及产品的重要附加项目。

企业向客户提供的各种附加服务，包括售前的产品介绍，售中的及时答疑，售后的送货、安装、调试、维修、技术培训、产品质量保证，以及服务设施、服务环境的完善等，这些因素综合起来构成了产品的总体服务价值。

优质的服务对提升客户获得的总价值有极其重要的作用，还可以从一定程度上减少客户由于购买该类产品而付出的各类成本。总之，服务价值是产品总体价值不可或缺的重要部分。

（3）人员价值

人员价值是工作人员的敬业精神、工作作风、业务能力、沟通能力、应变能力等综合作用产生的价值，由全体工作人员共同创造。工作人员对客户的正当需求是否能够及时满足及反馈，如工作人员响应时间的长短、工作人员反馈时间的长短、工作人员态度的好坏等，是工作人员综合素质高低的体现。而高素质的工作团队会创造更高的客户感知价值。

（4）形象价值

企业的产品、服务、人员等是企业形象的重要组成部分，故形象价值包含了产品品质、配套服务、品牌形象、工作人员的敬业精神等。在企业的经营过程中，任何一方面出现问题，都会使企业的形象受损，即使企业在其他方面尽量弥补，也很难挽回企业失去的部分形象价值，仍然会使客户感知价值降低。

如果企业在客户心中的形象价值较高，则客户可能会在关键时刻对企业不离不弃，这可以使企业在出现小失误后能够迅速塑造全新的企业形象。

（5）货币成本

货币成本是指客户购买和使用产品或服务所付出的直接成本和间接成本，客户在购买或使用产品或服务时必须支付的金额是货币成本的主要组成部分。

低价高质的产品或服务是赢得客户的基本手段。如果客户能够以低于期望价格的货币成本买到较好的产品或服务，那么客户感知价值就高；反之，如果客户以高于期望价格的货币成本买到较差的产品或服务，那么客户的感知价值就低。

货币成本是客户付出的总成本的主要组成部分。此外，客户付出的总成本还包括时间成本、精力成本、体力成本等非货币成本。

（6）时间成本

时间成本是指客户为得到所期望得到的产品或服务而必须耗费的时间。

时间成本是客户满意度和客户感知价值的减函数。在客户获得的总价值与其他成本一定的情况下，时间成本越低，客户付出的总成本越低，从而客户感知价值越高。

在其他条件相同的情况下，客户购买某产品或服务所花费的时间越长，时间成本就越高，客户付出的总成本就越高，越容易引起客户的不满，因此客户感知价值就越低。相反，客户购买某产品或服务所花费的时间越短，时间成本就越低，客户付出的总成本就越低，客户的感知价值就越低。

（7）精力成本

精力成本是客户在购买产品或服务时所必须耗费的精力。在其他条件相同的情况下，精力成本越高，客户付出的总成本就越高，越容易引起客户的不满，客户感知价值就越低；相反，精力成本越低，客户付出的总成本就越低，客户感知价值就越高。

一般情况下，客户购买产品或服务可能存在预期风险、财务风险、安全风险、形象风险、心理风险等，这些可能存在的风险会导致客户精力成本的增加，而增加的精力成本则会降低客户感知价值。

（8）体力成本

体力成本是客户在购买产品或服务时所必须耗费的体力。与精力成本类似，在其他条件相同的情况下，体力成本越低，客户感知价值就越高；反之，体力成本越高，客户感知价值就越低。

三、如何使客户满意

我们知道，客户期望和客户感知价值是影响客户满意度的两大因素。所以，要想使客户满意，就必须从把握客户期望和提升客户感知价值两个方面入手。

（一）把握客户期望

客户期望是在客户购买过程中存在的一种常见的心理倾向，客户期望反作用于客户满意度，但期望过高和期望过低都会对产品或服务产生负面的影响。如果客户期望过高，一旦企业提供的产品或服务的客户感知价值没有达到客户期望，客户就会感到失望，进而感到不满。而如果客户期望很低，就说明客户对产品或服务无所求，认为产品或服务可有可无，更谈不上满意及忠诚。

因此，企业要做到合理调控客户的期望，一方面要积极面对客户的期望，不断地改善产品和服务，另一方面则要合理地引导客户的期望，从源头出发，尽可能地规避客户的"不合理期望"。

1. 宣传留有余地

企业在对产品或服务进行推广、宣传时，要遵循不夸大事实、不虚假宣传、不违法违规的"三不"原则，使客户的预期保持在一个合理的状态，这样客户购买或使用产品或服务之后，很容易就会感觉超过预期，自然就会非常满意。

所以，企业要提高客户满意度，就必须要遵守一定的原则，然后采取相应的措施来引导甚至修正客户对企业的期望，让客户的期望维持在一个恰当的水平，这样既可以吸引客户，又不至于让客户因为期望落空而失望，进而产生不满。

2. 承诺实事求是

有些企业比较热衷于承诺，而承诺一旦过度，就会导致客户对企业的产品或服务的期望虚高，在期望虚高的情况下，企业当前的产品或服务可能很难满足客户的要求，这就会造成客户感知价值与客户期望的差距，最终导致客户不满意。而过度承诺可能会使客户非常不满甚至发生投诉行为。

可见，企业一定要进行恰如其分的承诺，不能过度承诺甚至对客户进行欺诈。企业要根据自身的实力承诺能够做到的事，如果承诺得以兑现，那么将在客户中建立可靠的信誉。

（二）提升客户感知价值

考虑到影响客户感知价值的各类因素，要提升客户感知价值，就要从各类因素入手，一方面要提升总体价值，如产品价值、服务价值、人员价值、形象价值等，另一方面要降低总体成本，如货币成本、时间成本、精力成本、体力成本等。

1. 提升产品价值

产品质量是企业的生命线，是企业信誉度的保证，是提升客户感知价值和客户满意度的基础。如果企业无法持续保证产品的质量，那么会使客户因不满意而离去，因此，只有高质量的产品才能提升客户感知价值，从根本上使客户满意，进而使客户变为忠诚客户。所以，企业应保证并不断地提高产品的质量，使客户满意度建立在坚实的基础上。

创新是进步的灵魂。随着市场及网络科技的发展，客户对产品的要求越来越高。企业要想屹立不倒，就需要仔细研究客户，站在客户的角度研发产品，同时要顺应客户需求的趋势，根据客户的意见和建议不断地改进产品。只有这样，才能够不断提升客户感知价值，进而提高客户满意度。

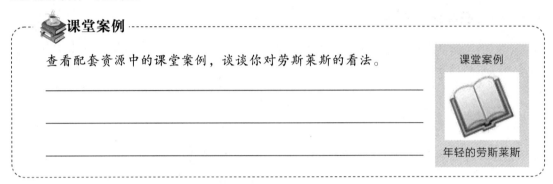

课堂案例

查看配套资源中的课堂案例，谈谈你对劳斯莱斯的看法。

_____

_____

_____

课堂案例

年轻的劳斯莱斯

现代化的服务不能只体现于服务表面，还要形成专业化、有针对性、有特色、超值的产品或服务来满足不同客户的特定需求。换言之，企业应根据每个客户的不同需求来制造产品或者提供服务，以不可替代的需求满足来提升客户感知价值，从而提高客户满意度。

品牌能够提升产品溢价，让客户产生偏好。当客户认为某产品很好时，其实是对该产品产生了购买意向。而当客户认可了某品牌时，他可能会降低对获取产品或服务所需付出的成本的敏感度。因此，品牌可以提升客户感知价值，进而提高客户满意度。面对优质品牌，客户可能不会过多地考虑货币成本、时间成本、精力成本和体力成本。

由此可以看出，当今许多客户已经逐渐由产品消费转为品牌消费。因此，企业坚持树立良好的品牌形象、努力提高品牌的知名度和美誉度尤为重要。

2. 提升服务价值

服务价值是总体价值的重要组成部分，要提升总体价值，就要从根本上做好客户服务。客户服务分为售前、售中、售后的服务。售前服务主要是对客户的疑惑进行解答，对产品总体情况进行介绍，包括产品性能、质量、价格、使用方法和效果等方面的情况；售中服务主要是为客户提供精准的介绍和相关的咨询服务，包括对客户购买操作的指导；售后服务主要包括及时处理和答复客户的意见、为故障产品提供维修甚至退换货服务、对客户信息进行反馈和追踪调查等。

企业只有站在客户的角度，注重服务内容的完善及服务质量、服务水平等各方面的提高，才能够提升客户感知价值，进而提高客户满意度。

课堂案例

查看配套资源中的课堂案例，谈谈你对案例的想法。

课堂案例

美国西南航空公司
的服务故事

3. 提升人员价值

提升客户感知价值和客户满意度的主要手段还包括提升人员价值，即提高员工的业务水平，包括规范员工的经营思想及工作作风，提高员工的业务能力及服务能力。

如何提高员工的业务水平呢？企业可以通过加强管理制度建设来约束员工的行为，通过培训来提升员工的自身素养，提高员工为客户服务的娴熟程度和准确性。这样才能提升客户感知价值，进而提高客户满意度。

当然，提升人员价值的基础是提高员工自身的满意度，这就需要企业提高内部的管理水平，通过各种措施使员工满意，增强员工归属感。

4. 提升形象价值

作为产品或服务的提供者，企业的形象源自方方面面，包括企业规模、品牌影响力、公众舆论等。企业可以通过形象广告展示精神风貌，通过公益广告体现社会责任感，通过新闻宣传提高企业的知名度、美誉度，通过赞助活动赢得人们的信任和好感，等等。

良好的企业形象会形成对企业有利的社会舆论，使客户对企业有良好的预期，进而为企业的经营发展营造良好的氛围，有利于在提升客户感知价值的同时，提高客户对企业的满意度。

5. 降低货币成本

企业在对产品进行定价时，切忌天马行空。一定要结合企业的营销战略，以客户所思所想为出发点，根据市场状况、产品可替代性及客户承受能力来确定价格，以提高客户满意度。

此外，货币成本的降低不只体现在价格的降低上，还体现在付款方式的灵活性上。企业可以根据客户的经营现状、支付能力，以其信用度为基准，为其提供分期付款、延期付款等付款方式，来不断提升客户感知价值和客户满意度。

6. 降低时间成本

时间就是金钱，时间成本对某些客户来说，其重要性甚至超过了货币成本。因此，企业要尽量降低客户的时间成本，以便在确保产品与服务质量的前提下，降低客户购买产品所花费的总成本，以提升客户感知价值和客户满意度。

7. 降低精力成本

客户的精力成本是客户在购买产品或服务过程中不可忽视的重要付出，因此，细致周

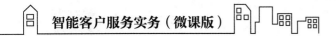

到、温暖的服务可以大大降低客户的精力成本。

如果企业在提供服务的过程中总是比客户想得周到，那么客户必然会感受到企业的关怀、体贴和尊重，从而降低精力成本，并且因此对企业感到非常满意。

此外，一旦遭遇客户投诉，企业要尽可能为客户周到地解决问题，并且让客户在整个投诉的过程中花费较少的精力，尽量通过降低精力成本来减少客户的不满。

8. 降低体力成本

企业在提供产品或服务的过程中，应提供相关的售后服务，如搬运、装卸、安装、送货、维修等，尽可能减少客户体力的消耗，由此来降低客户为获取产品和服务所付出的成本，进而提升客户感知价值和客户满意度。

总之，企业要实现客户满意，就必须把握客户期望，提升客户感知价值。

 任务二　提高客户忠诚度

情景任务

小张通过前面的学习，采取一系列整顿措施提高了客户满意度，同时也顺利地解决了客户投诉的问题，获得了客户的信任。但是客户满意并不等于客户忠诚，那么，哪些因素会影响客户忠诚度呢？提高客户忠诚度的策略有哪些呢？接下来小张将跟随大家一起来探寻答案。

本任务点目标：理解客户忠诚与客户忠诚度；

掌握客户忠诚度的衡量指标；

掌握影响客户忠诚的因素；

能够采取恰当策略提高客户忠诚度。

一、客户忠诚与客户忠诚度

（一）客户忠诚

在企业的实际经营运作中，由于受传统思想影响，绝大多数企业把主要的资源都用在了对新客户的开发上，更关注如何获取新客户、招揽新客户，而忽略了如何保留已有的老客户、如何从老客户身上挖掘更多的价值。于是伴随着新客户的增加，老客户却流失了，出现这种现象实际上表明了客户对企业不忠诚。

客户忠诚是一种再次购买所偏好的产品或服务的强烈承诺感，这种承诺感导致了客户对特定产品或服务的重复购买，该行为不会因为购买情景和营销手段的变化而发生改变。客户忠诚不仅是客户重复购买的原因，也是客户情感偏好的产物，是客户行为忠诚和态度忠诚的共同结果。

行为忠诚表现为客户排斥"货比三家"，抗拒其他企业提供的优惠和折扣等诱惑，一如既往地重复购买所忠诚企业的产品或服务。

态度忠诚表现为忠诚客户注重与企业在情感上的联系，寻求归属感。客户对所忠诚企业的理念、行为和视觉形象高度认同；对所忠诚企业的失误持宽容态度，当发现该企业的产品或服务存在某些缺陷时，能谅解并且主动向企业反馈信息，而不影响再次购买。

也有学者把态度忠诚进一步细分为意识忠诚、情感忠诚。理想的客户忠诚同时具备行为忠诚、意识忠诚和情感忠诚。

（二）客户忠诚度

客户忠诚度是指客户对某品牌的忠诚程度，是客户忠诚的量化概念。企业在营销过程中需要通过一系列定量指标来掌握客户忠诚度。一般来说，企业可以通过以下指标对客户忠诚度进行衡量。

1．客户重复购买的次数

在一定时期内，客户重复购买某一品牌产品的次数越多，说明客户对该品牌的忠诚度越高，反之则越低。企业为了便于统一进行数据库管理，一般将连续购买某产品3次及以上的客户定义为忠诚客户。另外，对产品多元化的企业来说，客户重复购买同一品牌的不同产品也可看作客户忠诚度高的表现。

2．客户挑选时间的长短

客户购买产品时通常会经过挑选，但由于对不同品牌的信赖程度的差异，挑选时间会有所不同。因此，企业可以通过客户挑选产品的时间长短来判断客户忠诚度。通常，对某品牌产品挑选的时间越短，说明客户对该品牌的忠诚度越高，反之，对某品牌产品挑选的时间越长，则说明对该品牌的忠诚度越低。

3．客户对价格的敏感度

客户对不同产品或服务的价格敏感度是不同的。通常，对于喜爱和信赖的产品或者服务，客户对其价格的敏感度偏低，对价格变动的承受能力强，主要表现为该产品或服务价格提高时，客户仍然愿意继续购买。而对于不喜爱的产品或服务，客户对其价格的敏感度高，对价格变动的承受能力弱，主要表现为该产品或服务价格提高时，客户减少或不再购买该产品或服务。

因此，客户对价格的敏感度也可以用来衡量客户的忠诚度。一般来说，客户对价格的敏感度越高，说明客户忠诚度越低；反之，对价格的敏感度越低，则客户忠诚度越高。

4．客户对竞争品牌的态度

一般来说，对某种品牌忠诚度高的客户会自觉地排斥竞争品牌的产品或服务。

因此，如果客户对某品牌的竞争品牌的产品或服务有兴趣并有好感，那么就表明他对该品牌的忠诚度较低；反之，若客户排斥某品牌的竞争品牌的产品或服务则说明他对该品牌的忠诚度较高。

5．客户对产品质量问题的承受能力

任何产品都有可能出现各种质量问题。

如果客户对某品牌的忠诚度较高，当出现质量问题时，他们会采取宽容、谅解和协商解决的态度，不会由此而失去对该品牌的偏好。

反之，如果客户对品牌的忠诚度较低，当出现质量问题时，他们会深感自己的正当权

益被侵犯了，从而会产生强烈的不满，甚至会通过法律途径进行索赔。

当然，运用客户对产品质量问题的承受能力这一指标时，要注意区分问题的性质，即是严重问题还是一般问题，是经常发生的问题还是偶然发生的问题。

6. 客户购买费用的多少

如果客户购买某一品牌的产品支付的费用总额与购买功能相似的同类产品支付的费用总额的比值高，即客户购买该品牌的产品的支出比重大，说明客户对该品牌的忠诚度高。

二、客户忠诚的意义

（一）增强企业竞争实力

忠诚客户经常会反复购买某一企业的某一产品或服务，甚至在每段时间都会保持相对稳定的购买额度。对某企业忠诚的客户也愿意购买该企业的其他产品或服务。忠诚客户较其他客户更关心该企业的新产品或新服务，当企业研发出了新产品或提供了新服务时，忠诚客户一般会在第一时间购买。忠诚客户会排斥该企业的竞争对手，只要他们对该企业的忠诚度没有改变，竞争对手很难运用低价或引导转换等策略进入某一市场或提高市场份额。

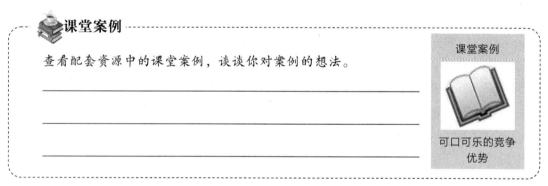

课堂案例

查看配套资源中的课堂案例，谈谈你对案例的想法。

_____

_____

_____

课堂案例

可口可乐的竞争
优势

（二）降低企业的各项成本

1. 节省开发客户的成本

在竞争日益激烈的市场，企业开发新客户的成本非常高，包括广告宣传费用、推销费用、公关费用、促销费用等，还有登门拜访及争取新客户的人力成本、时间成本和精力成本等。比起开发新客户，留住老客户的成本相对低很多。《哈佛商业评论》认为客户保留率提高 5%可以使公司的利润增加 25%～95%。此外，企业如果拥有庞大的忠诚客户群，这本身就是有力的广告宣传和有效的招牌，在从众心理的驱使下，能够吸引更多的新客户。

2. 降低交易成本

交易成本主要包括搜寻成本（即搜寻交易双方的信息所发生的成本）、谈判成本（即签订交易合同所发生的成本）、履约成本（即监督合同的履行所发生的成本）三类。忠诚客户与企业已经形成一种合作伙伴关系，彼此之间已经达成一种信用关系，所以，交易的惯例化可使企业与忠诚客户进行交易时大大降低这三类成本，从而使企业的交易成本降低。

3. 降低服务成本

首先，服务老客户的成本比服务新客户的成本要低很多。在服务中心的电话记录中，新客户打来的电话要比老客户打来的电话多得多，这是因为新客户对产品或者服务还相当陌生，需要企业多加指导，而老客户因为对产品或者服务了如指掌，不需要企业投入过多精力，因此企业不用花费太多的服务成本。

其次，由于企业熟悉老客户的预期和接受服务的方式，所以可以更好、更顺利地为老客户提供服务，并且可以提高服务效率和减少员工的培训费用，从而降低企业的服务成本。

（三）提高企业盈利能力

首先，随着企业与客户关系保持时间的延长，忠诚客户会对企业逐渐产生信任、偏爱，进而选择重复、大量购买企业的产品或者服务，这一行为会使企业获得更多的利润。

其次，忠诚客户还会对企业的其他产品连带地产生信任，当产生对其他产品的需求时，会自然地想到购买该企业的产品，从而增加企业的销售量，为企业带来更大的利润。

再次，忠诚客户会很自然地对企业推出的新产品或新服务产生信任，愿意尝试企业推出的新产品或新服务，因而他们往往是新产品或新服务的早期购买者，从而为企业的新产品或新服务的上市铺平了前进的道路。

最后，忠诚客户对价格的敏感度较低、承受力强，忠诚客户比新客户更愿意以较高价格来购买企业的产品或服务，而不是等待降价或不停地讨价还价。他们信任企业，购买高价产品或者服务的可能性也较大，并且更愿意支付全价。因而忠诚客户可使企业获得较高收益。

（四）降低企业的经营风险

据统计，如果没有采取有效的措施，企业每年要流失 10%～30%的客户，造成的后果就是企业经营环境的不确定性、经营风险增加。

而相对固定的客户群体和稳定的客户关系，可使企业不必疲于应付客户不断改变造成的需求的变化，有利于企业排除一些不确定因素的干扰而制定长期规划，集中资源为固定的客户提高产品质量和完善服务体系，并且降低经营风险。

同时，企业能够为老客户提供熟练的服务，这意味着更高的效率和更低的失误率，使企业事半功倍。

此外，忠诚客户易于亲近企业，能主动向企业提出改进产品或服务的合理化建议，从而提高企业决策的效率和效益。

（五）获得良好的口碑效应

忠诚客户是企业及其产品或服务的有力倡导者和宣传者，他们会将对产品或服务的良好感觉介绍给周围的人，主动地向亲朋好友和周围的其他人推荐，甚至积极鼓动好友购买，从而帮助企业增加新客户。

随着市场竞争的加剧、各类广告信息的泛滥，口碑是比广告更具有说服力的宣传，人们在做出购买决策时，往往更重视和相信亲朋好友的推荐，尤其是已经使用过产品或消费过服务的人的推荐。

美国一项调查表明，一个高度忠诚的客户平均会向 5 个人推荐企业的产品和服务，不但能节约企业开发新客户的费用，而且可以在市场拓展方面产生乘数效应。

可见，忠诚客户的正面宣传是难得的免费广告，可以使企业的知名度和美誉度迅速提高，忠诚客户传递的口碑还有利于塑造和巩固良好的企业形象。

（六）壮大企业的客户队伍

假设有 3 家公司，A 公司每年的客户流失率是 5%，B 公司每年的客户流失率是 10%，C 公司每年的客户流失率是 15%，3 家公司每年的新客户增长率均为 15%。那么 A 公司的客户存量将每年增加 10%，B 公司的客户存量将每年增加 5%，而 C 公司的客户存量则是零增长。这样一来，7 年后 A 公司的客户总量将增长近原来的一倍，14 年后 B 公司的客户总量也将增长近原来的一倍，而 C 公司的客户总量将始终不会有实质性的增长。

可见，客户忠诚度高的企业，能够获得客户数量的增长，从而壮大企业的客户队伍。

（七）为企业发展带来良性循环

随着企业与忠诚客户关系的延续，忠诚客户带来的效益呈增长趋势，忠诚客户能够为企业的发展带来良性循环。

客户忠诚度高的企业增长速度快，发展前景广阔，可使企业员工树立荣誉感和自豪感，有利于激发员工士气。同时企业获取的大量利润又可以用于再投资、再建设、再生产、再服务，也可以进一步提高员工的待遇，进而提高员工的满意度和忠诚度。另外，忠诚员工的工作效率提高，可以为客户提供更好的、更令其满意的产品或者服务，这将进一步稳固企业的客户资源，进一步强化客户的忠诚。客户忠诚度的进一步提高，又将增加企业的收益，给企业带来更大的发展空间，从而使企业进入下一个良性循环。

总之，忠诚客户使企业获得了丰厚的利润，保证了企业的可持续发展。忠诚客户的数量决定了企业的发展规模，忠诚客户的质量决定了企业竞争能力的强弱。

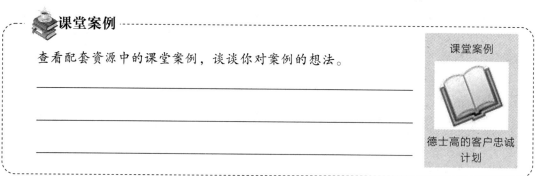

课堂案例

查看配套资源中的课堂案例，谈谈你对案例的想法。

_____

_____

_____

课堂案例

德士高的客户忠诚计划

三、客户忠诚的影响因素

（一）客户满意

客户忠诚和客户满意之间关系密切。一般来说，客户满意度越高，客户忠诚度就会越高；反之，客户满意度越低，客户忠诚度也会越低。但是，客户满意与客户忠诚之间的关系又没有那么简单，它们之间的关系既复杂，又微妙。

1. 客户满意一般会导致客户忠诚

一般来说，客户满意是导致重复购买的最重要的因素。

根据客户满意度，可将客户忠诚分为信赖忠诚和势利忠诚两种。

（1）信赖忠诚

当客户对企业及其产品或服务完全满意时，往往表现出对企业及其产品或服务的信赖忠诚。信赖忠诚的客户在思想上对企业及其产品或服务具有情感依赖，信任、偏爱该企业的品牌；在行为上具有指向性、重复性、主动性、排他性。他们一般不会太在意该品牌的价格，并且会抗拒竞争对手提供的优惠、折扣，而乐此不疲、一如既往地购买所信赖的品牌。他们是对企业高度信赖的客户，即使企业出现一些失误，他们也愿意谅解并继续信任企业，他们乐意为企业做免费宣传，甚至热心地向他人推荐，是企业的热心追随者和义务推销者。因此，信赖忠诚的客户是企业最有价值的资源和最为宝贵的财富之一。

课堂案例

查看配套资源中的课堂案例，谈谈你对案例的想法。

课堂案例

百事可乐的忠诚客户

_____

_____

_____

（2）势利忠诚

当客户对企业及其产品或服务不完全满意，只是对其中某个方面满意时，往往表现出对企业及其产品或服务的势利忠诚。

例如，有些客户是因为"方便"而重复购买；有些客户是因为"价格便宜"才重复购买；有些客户是因为"可以抽奖""可以打折""有赠品"才忠诚；有些客户是因为"转移成本太高"或者"风险太大"才保持忠诚。

总之，势利忠诚的客户是贪图某一个好处或者为避免某一个坏处才选择重复购买某一产品或服务的，而非真正信任与偏爱该产品或服务。一旦没有了这些好处和坏处，他们很容易被竞争对手挖走。

因此，企业要尽可能实现客户的信赖忠诚，当然，如果实在无法实现客户的信赖忠诚，也可以退而求其次——实现客户的势利忠诚，毕竟势利忠诚也能给企业带来利润，对企业同样有价值，值得企业重视。

2. 满意的客户也可能不忠诚

一般认为满意的客户在很大程度上就是忠诚客户，但是在现实生活中，有些客户即使满意也可能不忠诚。《哈佛商业评论》的报告显示，对产品满意的客户中，仍有65%～85%的客户会选择新的替代品，也就是说满意的客户并不一定忠诚。

由此可见，要获得客户的忠诚，除了令他们满意外，还要考虑其他许多因素的影响。

如果企业仅仅把注意力放在客户满意上，仍将无法有效控制客户流失。

3. 不满意的客户一般不忠诚

一般来说，不满意的客户也会不忠诚，除非无可奈何、迫不得已。或者说，一个不满意的客户迫于某种压力，不一定会马上流失、马上不忠诚，但一旦条件成熟，就会不忠诚。

4. 不满意的客户也有可能忠诚

不满意的客户一般有两种忠诚类型，一种是惰性忠诚，另一种是垄断忠诚。

（1）惰性忠诚

惰性忠诚是指客户尽管对产品或者服务不满，但是由于本身的惰性而不愿意去寻找其他供应商或者服务商。对于这种忠诚客户，如果其他企业主动出击，让惰性忠诚者得到更多的实惠，还是容易将他们挖走的。拥有惰性忠诚客户的公司应该通过产品和服务的差异化来改变客户对公司的印象。

（2）垄断忠诚

垄断忠诚是指在卖方占主导地位的市场条件下，或者在不开放的市场条件下，客户尽管不满却因为别无选择，找不到其他替代品，而只能忠诚。

虽然惰性忠诚和垄断忠诚能够给企业带来利润，但是，企业切不可麻痹大意、掉以轻心，因为不满意的客户的忠诚是靠不住的，不满意的客户很容易流失。

（二）客户因忠诚能够获得的利益

追求利益是客户的基本价值取向。调查结果表明，客户一般也乐于与企业建立长久关系，主要原因是希望通过忠诚得到优惠和特殊关照，如果能够得到，他们就会与企业建立长久关系。可见，客户忠诚的动力之一是客户能够通过忠诚获得利益。

老客户如果没有得到比新客户更多的优惠，那么就会降低忠诚度，这样老客户会流失，新客户也不愿成为老客户。因此，企业能否提供忠诚奖励将会影响客户是否持续忠诚。另外，企业应注意保证客户因忠诚而获取的利益足够大，否则起不到刺激作用。

> **课堂案例**
>
> 查看配套资源中的课堂案例，谈谈你对案例的想法。
>
> 课堂案例
>
> MAC 的忠诚度计划
>
> _____
>
> _____
>
> _____

（三）客户的信任和情感因素

1. 信任因素

信任是客户忠诚的重要决定性因素。为了避免和减少购买过程中的风险，客户往往倾向于选择自己信任的企业的产品或服务。因此，只有客户对企业的产品或服务产生信任，客户重复购买与客户忠诚才会产生。研究表明，客户信任主要包括 3 部分内容：对企业提供产品与服务能力的信任、对企业善意的信任、对企业信誉的信任。对在线消费客户来说，客户信任包括对商家的信任、对虚拟社区的信任、对购物平台的信任、对支付交易的信任等。

因此，不论是线下实体店，还是线上店铺和购物平台，都要采取措施，降低客户购买风险，提高企业信誉，增强客户信任，进而提高客户忠诚度。例如，为降低购买风险，很多企业营销人员通过制定保证退款和自由退换有缺陷的产品等政策来增强客户信任，促成交易和提高客户重复购买率。在电商发展早期，很多平台和店铺为降低客户购买风险，增强客户信任，陆续推出正品保障、全国联保、价保服务、包邮、运费险、7天无理由退货等政策来保护客户权益。

2. 情感因素

当前市场，越来越多的企业意识到情感营销在企业经营中的重要性。现在产品和服务同质化严重，好的产品和服务很容易被模仿，但客户与企业的情感联系却很难被模仿。客户与企业一旦建立了某种亲密的联系，双方之间的关系就会从简单的买卖关系变成休戚与共的战友关系，客户会对企业的发展产生一种责任感和自豪感，不会轻易背叛企业，甚至会帮助企业宣传与发展。

加拿大营销学家曾经指出，客户关系与人际关系有着一样的基本特征，包括信任、社区感、共同目标、尊重、依赖等，客户关系的本质是客户与企业之间的情感联系。因此，为了持久地维护客户关系，企业必须真心付出、以诚相待，可以通过对客户的理解、体贴及人性化经营等加强与客户的多维度联系，建立虚拟社区增强客户的品牌归属感、增强客户价值认同，与客户建立相互信任、互惠互利的长期友好关系。

课堂案例

查看配套资源中的课堂案例，谈谈你对案例的想法。

_____

_____

_____

课堂案例

忠诚客户靠培养

（四）客户的转换成本

转换成本指的是客户从一个企业转向另一个企业需要面临的障碍或增加的成本，是客户为更换企业所需付出的各种代价的总和。

转换成本可以归为以下3类：一类是时间和精力上的转换成本，包括学习成本、时间成本、精力成本等；另一类是经济上的转换成本，包括利益损失成本等；还有一类是情感上的转换成本，包括个人关系损失成本、品牌关系损失成本等。相比较而言，情感上的转换成本比另外两类转换成本更加难以被竞争对手模仿。

转换成本是阻止客户关系倒退的一个缓冲力，转换成本的提高有利于客户忠诚的建立和维系。转换成本越高，客户从一个企业转向另一个企业时损失的时间、精力、金钱、关系和感情也会越多，那么，即使目前他们对企业不是完全满意，也会慎重思考，不会轻易转换企业，从而实现客户忠诚。

例如，客户购买一套办公软件，除花费大量的金钱外，还需要花费很多时间、精力进行学习研究，即使客户对软件不太满意，在重新寻找其他不确定的软件需要花费大量搜寻成本及精力的情况下，也不会轻易放弃该软件，这样就会激励客户对企业的忠诚。

（五）其他因素

除以上影响因素外，企业员工的素质也会影响客户忠诚。企业员工如果出现服务能力差、服务态度恶劣等情况，会使客户不满，进而导致客户忠诚度下降。

另外，客户因需求发生变化而退出某个市场领域，客户搬迁或经营地点转移，客户成长、壮大，或者业绩衰退甚至破产，都可能会影响客户忠诚。客户与企业的主要联系人（关系人）离职、退休等，也会影响客户对企业的忠诚。

四、实现客户忠诚的策略

从以上客户忠诚的影响因素分析中我们知道，除让客户满意之外，企业还必须建立激励忠诚和约束流失的机制才能最终实现客户忠诚。

（一）努力让客户满意

一般而言，客户满意度越高，忠诚度就越高，而且只有最高等级的满意度才能实现最高等级的忠诚度。例如，为了追求客户完全满意，施乐公司承诺在客户购后三年内，客户如果有任何不满意，施乐公司保证为其更换相同或类似的产品，一切费用由施乐公司承担，这样就确保了客户愿意持续忠诚于施乐公司。

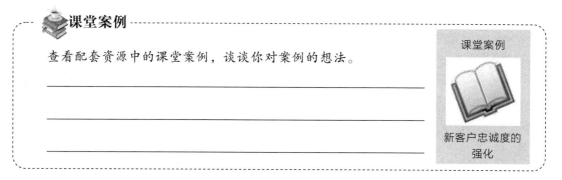

课堂案例

查看配套资源中的课堂案例，谈谈你对案例的想法。

_____

_____

_____

课堂案例

新客户忠诚度的强化

（二）实施客户奖励计划

客户奖励计划（也称为忠诚度计划）是一项为客户提供的特殊计划，旨在建立和培养客户对企业的忠诚度。企业向经常购买该企业产品的客户提供奖励，目的在于让客户从忠诚中受益，得到更多的实惠，从而促进客户在利益驱动下保持忠诚。

1. 如何实施

首先，要消除妨碍和不利于客户忠诚的因素。企业要避免鼓励"后进"、打击"先进"，避免只看重新客户而忽略老客户的情况，要让老客户得到更多的实惠。

其次，要采用多购优惠的办法促进客户长期复购、多购。客户奖励计划的形式主要有折扣、积分、赠品、优惠券、奖品、尽早获得新产品等。

客户奖励计划有几个常见选择，具体如下。

- 积分系统：允许客户在每次购买时都获得积分，当客户获得一定的积分时，他们就会收到优惠券或免费礼物。
- 分级计划：为达到一定消费门槛的客户提供奖励。例如，如果客户花了100元，他们会收到一张优惠券或免费赠品。
- 会员资格：让客户以较低价格获得会员资格，让会员客户在购物时获得特殊的奖励。
- 奖励组合：一些电商企业将以上方法结合起来创建混合奖励计划。

课堂案例

查看配套资源中的课堂案例，谈谈你对案例的想法。

_____

_____

_____

课堂案例

开始你的客户奖励计划

最后，采取奖励忠诚的配套措施。

例如，为了提高分销商的忠诚度，企业可以采取以下7个方面的措施。

- 授予分销商以独家经营权。分销商如果能够成为大企业或名牌产品的独家经销商或者代理商，可以树立在市场上的声望和地位，这有利于调动分销商的经营积极性。
- 让利或提供奖励。例如，降低将产品卖给分销商的价格，使其有足够的利润空间，或者组织分销商进行销售竞赛，对绩效显著的优胜者给予适当奖励。
- 为分销商培训销售人员和服务人员。特别是当产品技术性强，推销和服务都需要一定的专门技术时，这种培训就显得更加重要。
- 为分销商承担经营风险。例如，产品涨价时，对分销商已开过票还没有提走的产品不涨价；产品降价时，分销商已提走但还没有售出的产品，按新价格冲减。这样分销商就吃了定心丸，敢于在淡季充当蓄水池，提前购买和囤积产品，提高忠诚度。
- 帮助分销商打广告做宣传，由企业提供部分甚至全部资助。
- 向分销商提供信贷援助。例如，当分销商规模较小或出现暂时财务困难时，允许分销商延期付款，帮助分销商渡过难关。
- 互购，即既向分销商推销产品又向分销商购买产品。

2. 实施客户奖励计划要注意的问题

（1）关注客户是否重视本企业的奖励。如果不重视，就没必要进行客户奖励。

（2）不搞平均主义，要按贡献大小区别奖励。

（3）关注奖励是否有效果。奖励效果一般由现金价值、可选择的奖品类别、客户渴望获得的价值、奖励方法是否恰当、领取奖励是否方便等因素决定。

（4）奖励要细水长流。短期激励对实现客户忠诚起到的刺激较小。因此，企业要注重为客户提供长期利益，也要考虑自己是否有能力对客户持续进行奖励，防止突然中断。

📚 课堂案例

查看配套资源中的课堂案例，谈谈你对案例的想法。

_____

_____

_____

课堂案例

实名杯的殊遇和
优惠

3．客户奖励计划的弱点

（1）未能享受到奖励的客户可能对企业产生不满。

（2）随着客户奖励计划的不断投入，客户的期望变得越来越高，企业为了迎合客户的期望所投入的奖励成本也会越来越高。

（3）由于客户奖励计划操作简单，很容易被竞争者模仿。竞争者模仿会形成同质化竞争，导致企业提高了成本却不能形成竞争优势，反而增加企业的负担。但是，企业又不能轻易停止客户奖励计划，因为一旦停止会产生竞争劣势。

（三）增强客户对企业的信任与感情

1．增强客户对企业的信任

为了增强客户对企业的信任，进而实现客户忠诚，企业可以采取以下几方面的措施。

第一，要以实际行动赢得客户信任。

建立相互信任的客户关系仅靠嘴上功夫是远远不够的。要想赢得客户信任就必须全心全意地付出，要从根本上考虑客户的实际需求，主动付出实际行动为客户提供必要的服务。没有付出就不会有收获。如果不在每一次沟通过程中用真诚的行动打动客户，那么就无法赢得客户信任。

第二，任何时候都不要欺骗客户。

千万不要贪恋私利而欺骗客户，这样会直接导致客户对企业不信任。即使之前客户已经对企业拥有了99%的信任，但仅仅这1%的不信任就会使接下来的沟通出现重大逆转。一次的欺骗不仅会影响客户，甚至还会产生强大的负面传播效应，很难通过其他手段来挽回。因此，要真诚对待客户，向客户提供广泛并值得信赖的信息（包括广告），从而促进双方之间信任关系的建立与强化。

第三，关心客户需求并及时做出有效反应。

通过调查了解客户发现客户需求，并在最短时间内针对客户需求采取行动，使客户满意。关注客户遇到的问题，及时采取行动解决客户的问题，也有助于强化客户信任。重视客户的购买风险，有针对性地提出保证或承诺，并切实履行，以减少客户顾虑，从而赢得客户信任。

第四，与客户建立一种真诚互利的伙伴关系。

企业必须认识到，企业与客户是站在同一条战线上的战友，享有共同的利益。因此，企业要站在客户立场上思考问题，想客户所想，急客户所急。要尊重客户的隐私权，增强客户的安全感，进而使客户产生信赖感。要认真处理客户投诉，如果企业能够及时、妥善地处理客户的投诉，就能够赢得客户的信任。

2. 增强客户对企业的感情

原 IBM（国际商业机器公司）营销副总经理罗杰斯说："获取订单是最容易的一步，销售真正的关键在于将产品卖给客户之后。"企业若想成为营销赛场上的获胜者，成交后还应当花更多心思增进与客户的关系。因此，企业在与客户建立关系之后，可以采取以下几方面的措施，加强与客户的情感联系，巩固和强化客户关系。

（1）通过活动加强联系

企业可以通过定期或不定期开展各种活动，主动与客户进行沟通。

企业可以与客户共同组织联谊活动，如组织球赛，共同举办文艺演出，邀请客户参加高级晚会、客户答谢会、客户联谊会、客户游园会、客户团拜会、客户酒会等娱乐活动，等等。可以安排双方领导互访、邀请客户到厂区参观、组织客户到企业所在地旅游等。可以在节假日或客户的重要日子赠送精致礼品，采取恰当的方式给予关怀，以此拉近双方之间的距离。可以对客户开展冠名赞助活动，不仅有利于加强与客户的感情，双方也能因此而获得良好的社会声誉。还可以把客户的优秀事迹刊登在本企业内刊上，把内刊寄给客户，形成品牌文化链。这些都是与客户沟通和保持感情的好方式。

（2）超越期待，雪中送炭

企业应当时刻留意客户需求的变化，不断地满足和超越客户的期待，给予其意外惊喜。

当客户有困难时，企业应伸出援手。例如，当客户因为搬迁不方便购买时，企业主动送货上门，就会使客户觉得自己得到了特殊的关心；当客户因为资金周转问题不能及时支付购买产品的费用时，企业通过分期付款、赊账的形式予以援助，那么客户就会心存感激，当其资金问题解决后将回报以忠诚。

📚 课堂案例

查看配套资源中的课堂案例，谈谈你对案例的想法。

课堂案例

_____

_____

_____

软件提供商的客户
扶持计划

（四）提高转换成本

如果客户更换企业（供应商）时的转换成本太高，或客户原来所获得的利益会因为更换供应商而损失，或者将面临新的风险和负担，客户就会保持对企业（供应商）的忠诚。

提高客户转换成本的常用方法有以下几种。

1．利用契约关系锁定客户

很多供应商会通过契约来建立客户与供应商之间的结构性联系，这样客户就很难更换供应商。客户如果想打破这种契约关系，成本将得不到补偿。例如，银行向客户提供一定期限的住房抵押贷款，规定在贷款到期之前如果客户要做出更改，就要缴纳罚金，这样就建立了一种结构性的壁垒。

2．鼓励客户重复购买

例如，企业可以采取赠送成套礼品、机票的贵宾卡、超市的积分卡等方式，鼓励客户重复购买。只要客户不断重复购买，客户就可以得到奖励，客户一旦流失就会损失奖励，这样就可以将客户锁定，进而提高客户转换成本。

3．捆绑式销售，稳定客户关系

客户在一家企业购买所有的产品，可以享受整体费用优惠，实现买卖双方的效益双赢。例如，电信运营商就采用了捆绑式销售。中国联通将移动电话与固定通信产品进行捆绑，宣传其全业务的优势；中国电信对市内电话和长途电话业务进行捆绑销售；等等。这些捆绑销售起到了稳定客户的作用，它不但可以使客户实现一站式购齐，而且捆绑式服务所需的费用一般相对便宜，能为客户省钱。

此外，个性化的产品或服务在提高客户满意度的同时，也增加了客户的特定投入，如时间、精力、感情等，即增加了转换成本，因而能够增加他们的退出障碍，从而有效地阻止客户的流失。但是，企业必须认识到提高转换成本仅是手段，本质上更应重视企业形象及产品或服务本身。

（五）加强与客户的结构性联系

结构性联系是指企业已经渗透客户的业务，双方已经形成战略联盟与紧密合作的关系。企业与客户可以通过交叉持股，双方共同成立合资企业、合伙企业或合作企业等形式，建立双方共同的利益纽带，形成你中有我、我中有你的结构性联系。

客户购买一家企业的产品越多，对这家企业的依赖就越强，客户流失的可能性就越小，就越可能保持忠诚。例如，微软公司和瑞星公司通过网上智能升级系统，及时为使用其产品的客户进行升级，并且供客户免费下载一些软件，从而增强了客户对其的依赖性。

因此，企业在为客户提供物质利益的同时，还可通过向客户提供更多的服务来建立与客户的结构性联系，如为客户提供生产、销售、调研、管理、资金、技术、培训等方面的帮助，为客户提供更多的购买相关产品或服务的机会，这样就可以促进客户忠诚。

📚课堂案例

查看配套资源中的课堂案例，谈谈你对案例的想法。

课堂案例

最佳客户忠诚度计划

_____

_____

_____

（六）提供独一无二的产品和服务

个性化的产品或者服务是客户关系发展到一定程度时客户的必然要求。一家企业如果不能满足客户的这种要求，就无法成为客户唯一、持久的选择，客户便会毫不犹豫地转向能为其提供个性化产品和服务的新企业。

随着人工智能和物联网技术逐渐成熟，清洁机器人赛道愈发拥挤。云鲸智能另辟蹊径，瞄准了传统清洁机器人需要人工洗拖布的痛点，研发出"会自己洗拖布"的清洁机器人，解放了客户双手。产品一经上市即"引爆"市场，在微博、抖音等平台上大火，同时客户忠诚度大大提高。

可见，企业如果能够为客户提供独一无二的、难以模仿的产品或者服务，就能够成功地与竞争对手区分开，强化客户对企业的依赖性，从而促进客户忠诚。企业可以通过提供个性化的信息、售后服务和技术支持，甚至个性化的全面解决方案来形成不可替代的优势。此外，企业还可通过技术专利构筑技术壁垒，与竞争对手拉开差距，从而降低客户的流失率，实现客户忠诚。

（七）以员工忠诚促客户忠诚

研究表明，员工的忠诚度能够正向影响客户的忠诚度。因此，企业可以通过提高员工忠诚度来提高客户忠诚度。具体做法如下。

1. 将员工个人职业生涯规划与企业发展目标相结合

企业员工都有自己的职业生涯规划，如果企业的发展目标跟员工的职业生涯规划不谋而合，这时员工就会更加努力做好本职工作，即时遇到困难，也会想方设法去解决，不退缩、不逃避。当员工跟企业一起成长、实现双赢的时候，员工的忠诚度就会大大提高。

2. 提供良好的工作与竞争环境

每个员工都希望自己处在一个融洽的工作环境里，同事之间能够和睦相处、互相帮助与扶持。公司可以为员工提供一个整洁、干净的办公室，营造轻松、愉快的工作氛围。另外，公司用人要避免任人唯亲，要注重员工的工作能力与业绩，公司要为员工提供公平、公正的竞争环境。

3. 加强培训

公司应该定期为员工进行培训，通过培训增强员工的技能，提高员工的工作效率，这样就会加快员工的成长，从而提高员工忠诚度。

4. 相互信任、充分授权

员工的忠诚度跟自己的领导有很大关系，只有上下属之间充满信任，彼此工作的时候配合默契，领导再适当地给予生活上的关怀，这样才会让员工考虑长期留在公司里的。因此，企业要信任员工，进行充分授权，员工才能放开手脚，发挥出自己的潜能。

5. 制定有效激励策略

制定有效激励策略可以激发员工的工作热情，挖掘员工的潜力，因此，企业要善于发现和嘉奖业绩突出的员工，并将员工的报酬与其满足客户需要的程度挂钩，建立有助于促使员工努力留住客户的奖酬制度。

6. 不轻易更换为客户服务的员工

有些客户之所以保持与某家企业的往来，主要是因为该企业员工的出色表现，如专业、高效、娴熟的业务能力及员工与客户建立的良好私人关系。因此，如果这个员工离开了该企业，客户就会怀疑该企业是否仍能满足自身要求。另外，长期为客户服务的员工也更加了解客户的兴趣与需求，能更好地为客户服务。

例如，中国太平洋保险深刻认识到："要做到客户至上，就要让服务客户的人真正把客户放在心上。"企业营销人员是离客户最近的人。因此，中国太平洋保险把营销伙伴视作最重要的同行者和同航人。2020年以来，该企业进一步打造"三支关键队伍"，针对营销队伍构建绩优荣誉体系和训练体系，多维度地赋能营销伙伴。同时，该企业发布"利他、目标、优雅、攀登、共好"的绩优文化体系，首创了专属于全体营销伙伴的"616伙伴节"，并在2021年升级为每月一次的"伙伴日"，为营销伙伴搭建起常态化、长效性的服务平台、互动平台，形成营销伙伴用心服务客户、公司全力支持营销伙伴的内部文化，不断推动队伍质态提升和客户服务能力提升。

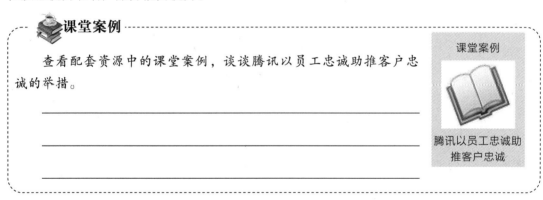

课堂案例

查看配套资源中的课堂案例，谈谈腾讯以员工忠诚助推客户忠诚的举措。

_____

_____

_____

课堂案例

腾讯以员工忠诚助推客户忠诚

但要防止出现企业客户私有化问题。企业要建立统一的员工形象，向客户宣传和强调企业所有员工都非常优秀。另外，可以通过轮岗制度、以客户团队服务代替单人服务、客户资源共享等方法，扩大客户与企业的接触面，减少客户对企业员工个人的依赖。这样，任何员工都能在其他员工的基础上发展与客户的关系，即使某一员工离开也不会造成客户流失。

（八）建立客户俱乐部，稳定客户队伍

建立客户俱乐部，有利于获得市场消费一手资料，研发更贴近市场需求的产品，还有利于加强客户关系，使企业与客户之间由短期关系变成长期关系，由松散关系变成紧密关系，由偶然关系变成必然关系，从而培养和保持忠诚客户。

目前，各行各业都意识到建立客户俱乐部的重要性，开始着力建设自己的客户俱乐部，甚至建立线上虚拟品牌社区，开展客户俱乐部营销，提高客户忠诚度。

例如，通信行业三大运营商分别建立了自己的客户俱乐部，包括中国移动的"全球通VIP俱乐部"，中国联通的"中国联通线上客户俱乐部"及中国电信的"天翼客户俱乐部"。

课堂案例

查看配套资源中的课堂案例，谈谈你对案例的想法。

_____

_____

_____

课堂案例

中国联通线上客户
俱乐部

众多新兴互联网企业也纷纷建立自己的客户俱乐部，例如，小米公司建立了"小米社区"，客户可以讨论小米产品、参与趣味话题、交流使用心得、第一时间测评体验小米新品、与小米开发组人员线上交流，还能参与小米官方活动，和更多客户一起玩。腾讯也针对不同的消费群体，建立了"腾讯创新俱乐部""腾讯游戏心悦俱乐部"等。

为迎合客户服务发展，房地产行业也衍生了"客户会"，如北京华润置地有限公司的"置地会"等。

应当注意的是，忠诚应该是企业与客户之间双向的，不能单方面追求客户对企业的忠诚，而忽视了企业对客户的忠诚。

 任务三　挽回流失客户

情景任务

小张的摄影工作室在努力经营下已经有了很大发展，但是目前有一个问题让小张很头疼。小张向胡教授请教："为什么总是有老客户在不断流失？"那么，到底为什么会出现客户流失呢？我们又应该如何看待不同类型的客户流失呢？企业应该如何挽回与弥补流失的客户呢？接下来小张将跟随大家一起来探寻这些问题的答案。

本任务点目标：理解客户流失的原因；

正确看待客户流失现象；

能够正确进行客户挽回。

一、客户流失的原因

客户流失是指曾经的客户出于某些原因不再购买企业的产品和服务的现象。一家企业，如果将其客户流失率降低 5%，其利润就能增加 25%～95%；反之，如果忽略对老客户的关注，会在 5 年内流失 50% 的客户。由此可见，降低客户流失率对企业经营非常重要。但是随着市场上产品与服务同质化越来越严重，客户的转换成本也大大降低，客户也越来越容易流失。客户流失的原因主要有以下两个方面。

（一）企业自身的原因

事实上，导致客户忠诚度降低的原因也正是导致客户流失的原因。

具体来说，产品质量问题、服务态度问题、管理不规范、投诉处理不当、产品缺乏创新、不了解客户真实需求等原因导致的客户不满意会促使客户流失。客户忠诚缺乏相应奖励，客户对企业不够信任、情感淡薄，客户的流失成本较低，客户与企业联系不够密切，企业员工离职带走客户等，也会导致客户流失。此外，客户不满企业的社会行为，如破坏或污染环境，不关心公益事业，不承担社会责任，等等，也会出现流失现象。

（二）客户自身的原因

客户需求或消费习惯的改变可能导致客户流失。客户想换"口味"，想尝试新的企业的产品或者服务，或者只是想丰富自己的消费经历，都可能会导致客户流失。客户的搬迁、成长、衰退甚至破产等也会导致客户流失。

二、如何看待客户流失

（一）客户流失会给企业带来很大的负面影响

企业与客户关系破裂时，企业如果不能尽快、及时地恢复客户关系，就可能造成客户的永远流失。客户流失不仅会使企业失去该客户可能带来的利润，还可能由于流失客户散布的对企业不利的言论，企业失去更多潜在客户，影响企业对新客户的开发。另外，客户流失会让多年投入客户关系维护的成本与心血付之东流，影响投资方对企业的估值、缩小市场规模、损害企业信誉和市场情绪，同时为竞争对手输送了客户，打击员工士气，给企业造成巨大的负面影响。

（二）客户流失是不可避免的

首先，由于产品技术的不断发展和企业经营管理水平的不断提高，产品与服务的差异越来越小，客户流动的代价也越来越小。其次，企业的产品或者服务不可能得到所有客户的认同，企业不可能留住所有的客户。最后，客户本身原因造成的流失，企业很难避免，也无能为力。因此，客户关系在任一阶段、任一时点都可能出现倒退，客户流失现象是不可避免的，幻想留住所有的客户是不现实的。

因此，很多企业提出的"客户零流失"目标显然是不切实际的。企业应当冷静看待客户流失，只需随时关注，确保将客户流失率控制在低水平。

（三）流失客户有被挽回的可能

研究显示，向流失客户推销，每4个中可能会有1个成功，而向潜在客户和目标客户推销，每16个才可能有1个成功。

可见，挽回流失客户要比争取新客户容易得多，而且只要流失客户回头，他们就会继续保持忠诚并为企业介绍新客户。因此，当客户流失成为事实时，企业不能坐视不管、轻易放弃，而应当加以重视，真诚对待他们，尽快恢复与客户的关系，促使客户重新购买企业的产品或服务，与客户继续建立稳固的合作关系。

三、对待不同类型流失客户的态度

不同类型的客户能为企业做出的贡献不同。在资源有限的情况下，企业应该根据客户的不同价值采取不同的客户挽回策略。

（一）对流失的"关键客户"要极力挽回

一般来说，流失前被划分为"关键客户"的这类客户，是企业的基石和主要利润来源，被挽回后也将给企业带来较大的价值。如果企业失去他们，轻则会给企业造成重大经济损失，重则伤及企业的元气。因此，这类客户应该是客户挽回工作的重中之重。企业要不遗余力地在第一时间将"关键客户"挽回，而不能任其流向竞争对手。

（二）对流失的"普通客户"要尽力挽回

普通客户的重要性仅次于关键客户，而且普通客户还有升级的可能，因此，对"普通客户"要尽力挽回，使其继续为企业创造价值。

（三）对流失的"小客户"可见机行事

"小客户"对企业贡献低且对企业要求相对苛刻，这类客户数量多且很零散，挽回这类客户花费成本较高。因此，企业对这类客户可顺其自然，在不吃力的情况下可以试着挽回。

（四）彻底放弃不值得挽留的客户

以下类型的客户不值得挽回。

（1）不可能再带来利润的客户。

（2）无法履行合同规定的客户。

（3）无理取闹、挫伤了员工士气的客户。

（4）需求超过了合理的限度，妨碍企业对其他客户服务的客户。

（5）声望太差，与之建立业务关系会损害企业形象和声誉的客户。

四、流失客户的挽回策略

（一）访问客户，调查原因

如果企业能够深入调查，弄清客户流失的原因，就可以获得大量珍贵的信息，发现经营管理中存在的问题，进而及时采取改进措施，避免其他客户流失。因此，企业要在第一时间积极地与流失客户联系，访问流失客户。

具体策略如下。

（1）设法记住流失客户的名字和地址。

（2）在最短的时间内用电话联系，或直接访问。访问时，应诚恳地表示歉意，送上鲜花或小礼品，了解客户流失的原因，弄清问题的根本，并虚心听取他们的建议。

（3）在不愉快和不满消除后，记录客户的意见，与其共商满足其要求的方案。

（二）对症下药，服务补救

找出客户流失的原因及关系破裂的症结，然后对症下药和服务补救，就能做到事半功倍。

对症下药是指企业要根据客户流失的原因有针对性地采取有效的挽回措施。

服务补救是指对已流失的客户采取"超满意服务"措施，努力使客户由不满意变为满意，由不信任变为信任，最终赢回客户。

要让已流失的客户回头是比较困难的。因此，企业应抓住重点，跟踪那些值得赢回的客户，了解他们的需求，掌握其动态，适时地推出挽回客户的补救计划；分析客户当前的数据及历史数据，避免因信息不完备而误将潜在的高价值客户认作必然流失的客户，从而放弃挽回；制定措施，改正企业工作中的缺陷，防止客户流失再次发生。

技能测试

一、不定项选择题

1. 客户满意度的影响因素有（　　　）。

    A. 客户期望   B. 客户付出的总成本

    C. 客户获得的总价值   D. 客户投诉

2. （　　　）情况下不满意的客户也有可能忠诚。

    A. 惰性忠诚   B. 信赖忠诚   C. 势利忠诚   D. 垄断忠诚

3. 提高客户忠诚度能够降低交易成本，交易成本主要包括（　　　）。

    A. 搜寻成本   B. 谈判成本   C. 履约成本   D. 精力成本

二、判断题

1. 企业应尽可能降低客户期望，以提高客户满意度。　　　　　　　（　　　）

2. 客户满意与否不会对客户忠诚产生影响。　　　　　　　　　　　（　　　）

3. 要对不同类型客户的流失采取不同的态度。　　　　　　　　　　（　　　）

4. 一般情况下，客户忠诚比客户满意的价值更高。　　　　　　　　（　　　）

三、思考题

1. 如何衡量客户的满意度？

2. 影响客户满意度的因素有哪些？

3. 如何让客户满意？

4. 影响客户忠诚的因素有哪些？

5. 如何挽回流失客户？

案例分析

小米公司智能客户服务和管理分析与设计

小米公司是一家专注于新一代智能手机开发与热点移动互联网业务运营的公司。小米公司从创立至今，之所以能在手机市场占得一席之地，正是由于其完善的智能客户服务与管理系统。

1. 小米公司的客户识别现状与分析

客户识别就是通过一系列技术手段，根据大量的客户特征、需求信息等，找出哪些是企业的潜在客户，客户的需求是什么，哪些客户最有价值，等等，并以这些客户作为智能客户服务与管理对象。

小米公司对客户识别十分重视并做了大量的努力。小米公司的所有客户都有其鲜明的识别标志，小米公司对客户信息的收集主要通过直接渠道和间接渠道协同进行。通过特许经营方式在全国运行的上百家小米之家的门店宣传咨询，这是直接渠道；通过购买专业咨询公司的专业报告及与第三方合作从而共享信息，这些都是间接渠道。小米公司强调信息保密，建立了相应的制度体系，进行了分级管理，严格审查客户信息的真实性，并对客户信息做到了严格保护，避免了客户信息的失窃，保护了客户安全，赢得了客户满意。

2. 小米公司的客户区分现状与分析

在如今互联网飞速发展的形势下，小米公司既避开了在传统市场上和苹果、三星等手机市场巨头的面对面竞争，又抓住时代机遇瞄准网络销售市场和数以亿计的网民。将小米的主要服务客户定位为"手机发烧友"。

客户是企业真正的老板，为企业带来利润和销售额，为企业的生存与发展做出最大贡献。区分客户的两个重要指标是：客户对企业的需求和客户对企业的价值。只有彻底了解客户的需求和价值，才能为客户提供最满意的产品与服务，为企业获取最大利益。

小米公司通过 ABC 分析法、RFM 分析法、CLV 分析法对客户价值、客户潜力、客户生命周期、客户需求进行分析。根据不同客户需求，划分出不同的客户群体，施以不同的营销手段，提供差异化服务内容和专业服务方式，既满足了不同的客户需求，也让小米公司遏制了大部分的资源浪费，为企业带来了巨大的客户群体和利润收益。因此，客户区分是减少成本、提高客户满意度、增加盈利的最显著有效的手段之一。

3. 小米公司的客户互动现状与分析

小米公司的成功还在于构建了整个产业链的生态体系，即通过高产量与高市场占有率在整个产业的上下游之间做到信息流、资金流、物流的全面掌控，以便公司对客户需求迅速做出反应。

为了向客户直接获取更多信息，同时向客户提供无微不至的服务，小米公司在全国范围内开通了客户服务热线并设立了客户服务中心。这些互动方式使小米公司可以直接为客户服务，使客户时刻掌握情况，了解与小米产品有关的知识，对小米公司提出意见和建议，还可以对产品质量、客服人员的服务态度等进行投诉，客户服务中心会及时查证并为客户解决问题，及时反馈客户处理结果。同时，小米公司的客服人员还会不定时回访客户，调查产品使用情况，倾听客户对公司服务和产品的感受和意见建议。这样可以使公司设计出更贴近客户的人性化产品和服务。此外，小米公司还赞助商业活动与大型体育赛事，接近现有客户，发现更多潜在客户，从而传递和维护企业形象，提高客户忠诚度。

小米公司的这些客户互动方式大大提高了客户满意度，促进了公司的持续发展。

4. 小米公司的客户定制服务现状

小米公司的每个客户都有自己独特的需求。根据对客户需求的调研分析，小米公司归类总结，开发出多项服务和多种不同版本的手机。

总之，随着人们消费水平的提高和网络技术的广泛应用，人们的生活方式发生了深刻的变化，人们越来越追求需求的个性化。小米公司通过其准确的信息来源，能够迅速掌握不同客户的个性化需求，精准地为客户提供产品，配置个性化服务项目。这样，公司的资源得到了有效的利用，同时也给客户提供了满意的产品和服务，保证了公司和客户利益上的双赢。

【思考与讨论】

1. 小米公司是如何提高客户满意度的？

2. 小米公司在提高客户满意度的过程中运用了哪些理论知识？

3. 本案例对其他公司进行智能客户服务与管理有哪些启示？

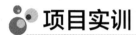

项目实训

【实训内容】

组建项目小组：每组 5~6 人，选出一名组长，由组长确定组员任务和项目小组工作进度的安排。以小张摄影工作室为例，任务如下。

（1）小张摄影工作室基本情况分析。

（2）设计客户满意度调查问卷并进行调查。具体内容包括：确定调查目标、对象与范围，分析影响客户满意度的因素，设计调查问卷，实际执行调查，回收调查问卷，进行调查问卷分析并汇总调查结果。

（3）撰写客户满意度分析报告。

【实训评价】

每个小组完成一份客户满意度分析报告，并据此提出具体的提高客户满意度的方法。每组推举一名代表在全班以 PPT 形式进行课堂展示。完成展示后，班级进行小组自评、小组互评和教师评价。实训评价表如表 8-1 所示。

表 8-1　实训评价表

评价标准	小组自评（30%）	小组互评（30%）	教师评价（40%）
能够按照实训要求完成所有实训任务（15 分）			
客户满意度调查问卷设置合理（15 分）			
调查过程真实（15 分）			
客户满意度分析报告全面、深刻（20 分）			
达到团队协作、职业规范与职业素养目标（20 分）			
课堂展示全面、表达清晰、仪态自然（15 分）			

拓展延伸

【拓展 8-1】

查看配套资源中的知识拓展，概括你学习的要点。

_____

_____

_____

知识拓展

如何进行客户
俱乐部营销？

【拓展 8-2】

查看配套资源中的知识拓展，概括你学习的要点。

_____

_____

_____

知识拓展

客户满意度的监控
与提高

综合实训篇

项目九 基本能力综合实训

多彩知识树

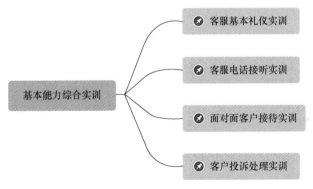

基本能力综合实训
- 客服基本礼仪实训
- 客服电话接听实训
- 面对面客户接待实训
- 客户投诉处理实训

【实训介绍】

本项目对客户接洽过程中的基本能力进行训练，将基本能力综合实训划分为客服基本礼仪实训、客服电话接听实训、面对面客户接待实训和客户投诉处理实训。其中客服基本礼仪实训包括仪容仪表、站姿、坐姿、行姿、引导、握手、交换名片等礼仪的训练；客服电话接听实训包括电话的接听、拨打、转接等行为规范训练；面对面客户接待实训包括倾听、提问与问题解答等技巧训练；客户投诉处理实训包括客户投诉分析、投诉处理技巧等训练。

【实训目的】

通过前面的学习，学生掌握了客户服务的基本商务礼仪及专业技巧。本次实训目的在于通过角色扮演与情景模拟的实训方法，让学生将理论与实际联系起来，进行实际的技巧训练与提升。通过本次实训，学生能够掌握并在工作生活中自觉遵循商务礼仪，提高客户服务意识，增强工作热情及积极性，提高电话接听及面对面服务过程中的专业素养、问题解决能力及应急处理能力，从而提高客户服务能力。

实训一　客服基本礼仪实训

情景任务

某医疗企业准备出售一批医疗器械，请有意向的大客户来企业针对产品要求及价格进行洽谈，并参观产品生产车间，了解样品情况，洽谈结束后进行合影留念。

请同学们查看配套资源中的行为礼仪要求，以小组为单位，进行角色分工，模拟两企业间商务活动的情景，并重点展示商务活动过程中的客服礼仪。

情景任务

行为礼仪要求

【实训目标】

1. 知识目标

（1）了解客服礼仪的重要性。

（2）掌握仪容仪表的具体要求。

（3）掌握行为礼仪规范。

2. 能力目标

（1）能够在客户服务过程中保持良好的仪容仪表。

（2）能够在客户服务过程中保持得体的站姿、坐姿、行姿和表情等。

（3）能够在客户服务过程中保持恰当的言行举止。

3. 素养目标

（1）树立客户服务意识。

（2）学会知礼、懂礼、守礼。

（3）培养良好的生活习惯与行为作风。

【实训准备】

（1）教师查找并准备一段存在礼仪问题的商务会谈视频。

（2）教师提前设置商务会谈的情景。

（3）各小组提前了解商务会谈的内容并做好分析。

（4）各小组成员做好角色分工，并提前准备好角色剧本。

（5）提前摆放桌椅，中间用于商务会谈模拟，两侧用于学生观摩。

（6）各小组准备好纸和笔，用于分析与记录。

【实训步骤】

（1）教师播放存在礼仪问题的商务会谈视频，组织学生进行讨论，指出视频中存在的礼仪问题。

（2）教师组织学生通过各种渠道查找资料并进行讨论，分析如何纠正视频中的礼仪问题。

（3）教师介绍设置的商务会谈情景。

（4）各小组在已设置情景的基础上组织语言，进行商务会谈模拟，并录制视频。模拟内容包括仪容仪表礼仪；站姿、坐姿、行姿、表情等礼仪；引导、问候、握手、交换名片、交谈、合影留念等环节的礼仪。

（5）教师在课上播放学生模拟视频，集体进行点评纠错。

（6）各小组撰写实训任务单。

（7）教师进行总结评价。

【实训评价】

每个小组依次根据角色分工进行商务会谈模拟，在整个商务会谈过程中进行商务礼仪展示。模拟结束后，班级进行小组自评、小组互评和教师评价。客服基本礼仪实训评价表如表9-1所示。

表9-1　客服基本礼仪实训评价表

评价标准	小组自评（30%）	小组互评（30%）	教师评价（40%）
注重仪容仪表礼仪（10分）			
注重站姿、坐姿、行姿、表情礼仪（各10分，共40分）			
握手、引导恰当（10分）			
问候、交谈恰当（10分）			
交换名片恰当（10分）			
无禁忌行为（20分）			

 实训二　客服电话接听实训

 **情景任务**

假设某公司想进购一批网络营销系列产品，客户代表王小姐向某网络公司打电话进行咨询。请同学们以小组为单位，进行角色分工，模拟该网络公司的客服代表，对王小姐进行电话服务。注意：服务过程中体现电话接听礼仪规范。

【实训目标】

1. 知识目标

（1）掌握电话接听前的准备工作。

（2）掌握电话接听礼仪规范。

（3）掌握电话拨打礼仪规范。

2. 能力目标

（1）能够在电话接听过程中保持恰当的礼仪。

（2）能够在电话拨打过程中保持恰当的礼仪。

3. 素养目标

（1）树立客户服务意识。

（2）形成良好的语言表达能力。

（3）培养踏实严谨的工作作风。

【实训准备】

（1）准备笔和纸张。

（2）每个小组任选 2 名同学进行模拟。

（3）分配好角色：客服代表和客户代表。

（4）提前准备好剧本，组织好语言。

【实训步骤】

（1）教师查找并播放航空公司、快递公司、酒店等的电话客服录音，组织学生讨论客服电话接听的关键点和注意事项。

（2）教师设置电话接听情景。

（3）各小组在已设置情景的基础上组织语言，进行模拟练习并录音。

（4）教师在课上播放学生练习录音，集体进行点评纠错。

（5）各小组撰写实训任务单，填写客户电话访问记录。

（6）教师进行总结评价。

【实训要求】

1. 通话前的准备

（1）慎选通话时间，准备好通话内容，挑好通话地点，做好心理准备。

（2）接听电话的准备：确保电话畅通，专人值守，预备记录。

2. 通话初始要求

（1）问好。问候对方的用语通常是"您好"或是"喂，您好"。如果对方已率先向自己问好，应立即以相同的问候语回应对方。

（2）自报家门。自报家门有以下几种情况：

① 只报出本单位的全称；

② 报出本单位的全称与所在具体部门的全称；

③ 报出通话人的全名；

④ 报出通话人的全名与所在具体部门的全称；

⑤ 报出通话人的全名、所在单位的全称及所在具体部门的全称。

3．通话中

（1）声音清晰：咬字准确、音量适中、速度适中、语句简短、姿势正确。

（2）态度平和：保持镇静、不卑不亢、不骄不躁、热情、愉悦。

（3）不忘职责：接听及时，电话铃响3次内接听；如出于特殊原因不能及时接听电话，就应在拿起听筒后首先向对方表示歉意："对不起，让您久等了。"

（4）内容紧凑：每次通话的具体时间，以3～5分钟为宜。

（5）主次分明：在相互问好之后，通话双方即进入主题。

4．通话结束

（1）重述重点：通话即将结束时，应将重点内容简单复述一下，以便确认与对方沟通无误。为避免给对方以烦闷之感，在复述时应多采用礼貌用语。

（2）暗示通话结束：在挂断电话前，应向通话对象暗示。

（3）感谢对方帮助：在通话之中，如果对方给予了自己一定程度的帮助，则在即将结束通话时，勿忘向对方进行正式的道谢。

（4）向他人问候：如果你与对方是旧交，可以在通话结束之前问候一下对方的同事或家人。

5．注意事项

（1）用姓氏称呼对方，如"张先生""李小姐"等。

（2）记住多讲"请""多谢""对不起"。

（3）在电话旁边放置纸、笔。

（4）让对方等候时间不超过1分钟。

对话参考

电话接听对话参考

【实训评价】

每个小组依次根据角色分工模拟电话接听。在模拟过程中可以参考以上内容并进行适当更改。整个通话过程应符合实训要求。模拟结束后，班级进行小组自评、小组互评和教师评价。客服电话接听实训评价表如表9-2所示。

表9-2　客服电话接听实训评价表

评价标准	小组自评（30%）	小组互评（30%）	教师评价（40%）
表情大方、面带微笑（10分）			
在电话铃响三次内接听（15分）			
问候、自报家门（15分）			
询问对方具体事务（15分）			
通话结束前简单复述通话内容（10分）			
结束通话时互道再见（15分）			
发音清晰，语音、语调适中（10分）			
电话记录的内容完整（10分）			

实训三　面对面客户接待实训

情景任务

　　金铭房屋装修有限公司是一家专注于房屋设计装修与后期服务工作的公司，目前在当地市场上已经享有较高的品牌声誉。最近刚刚购房的周先生通过朋友了解到该公司，打算咨询房屋装修的事宜。假如你是该公司的客服人员，你会如何对周先生进行面对面的客户接待，实现客户开发？请同学们以小组为单位，组织模拟本次情景，根据公司要求填写客户接待单。服务过程中注意客户接待礼仪规范。

【实训目标】

1. 知识目标

（1）掌握面对面客户接待的流程。

（2）掌握客户服务的对话要求。

（3）掌握倾听与提问的技巧。

（4）掌握问题解答技巧。

2. 能力目标

（1）能够在面对面客户接待中保持良好的商务礼仪。

（2）能够在面对面客户接待中提高应变能力。

（3）能够在面对面客户接待中提高问题解决能力。

3. 素养目标

（1）树立客户服务意识。

（2）学会尊重与包容客户、理解与关爱客户。

（3）培养真诚自信的品格、踏实沉稳的作风。

【实训准备】

（1）准备个人名片，可以用纸片代替。

（2）准备公司宣传资料（促销活动内容）。

（3）准备好纸、笔、计算器。

（4）准备好客户信息登记表。

（5）准备好作品集（个人作品集与公司宣传资料）。

（6）每个小组任选几名同学进行模拟并分配好角色。

（7）提前准备好剧本，组织好语言。

【实训步骤】

（1）各小组查找资料，了解房屋装修的相关知识与技巧。

（2）各小组认真学习并讨论实训要求中的客户接待步骤与技巧。

（3）各小组在已设置情景的基础上组织语言，进行模拟练习并录音。

（4）教师在课上播放学生练习录音，集体进行点评纠错。

（5）所有同学撰写实训任务单，填写客户接待单。

（6）教师进行总结评价。

【实训要求】

第一阶段：接待

1. 前台或设计助理负责将客户引导到接待处入座，为客户倒水，登记客户信息。

2. 通知店面经理或者设计师。

3. 座位安排：客户落座位置可为侧面对窗，主谈人员同客户坐一边，配合人员坐对面，需要时可调换位置。

4. 接待人员要求服装整洁清爽、专业、自信。

第二阶段：人员介绍

（1）自我介绍

×先生（小姐）您好，我叫×××，我是金铭房屋装修有限公司的房屋装修顾问（同时递上名片），非常高兴能为您提供房屋装修咨询服务。

（2）介绍他人

×先生（小姐），您好！

这是我公司××经理，接下来将由他为您做介绍。

经理上前握手，递上名片并简单自我介绍。

第三阶段：公司与产品介绍

1. 公司整体介绍

先询问："您是如何知道我公司的，您对我公司有了解吗？"接着拿出公司相关宣传资料介绍公司。介绍要点：公司简介、设计服务体系、房屋装修服务过程、房屋装修质检服务体系等。

（1）设计服务体系

① 1天内对接客户完成量房。很多时候在客户来公司咨询以前就已经完成了量房。

② 在量房后，2天内完成平面设计方案。

③ 在客户确定平面设计方案后，4天内完成标准户型设计方案。

④ 本公司采用团队合作形式，8人为一个设计组，共同讨论，确定最佳方案。

⑤ 准备18张标准图纸，使信息沟通更全面；采用18项升级工艺，使信息更加透明化。

（2）房屋装修服务过程

① 12小时确定问题解决方案。针对房屋装修过程中出现的问题，相关责任人在12小时内与客户取得联系，查明问题并确定解决方案。

② 24小时初步解决问题，48小时彻底解决问题。相关责任人与客户取得联系后，24

小时之内初步解决房屋装修过程中出现的问题，48 小时内彻底解决问题。

③ 48 小时跟踪随访。在相关责任人解决客户问题后，48 小时之内，客服人员随时对客户进行回访，以确保客户反映的问题及时得到解决。

注意：在介绍时观察客户对哪些部分的内容比较感兴趣（如公司品牌、设计、施工价格、售后服务）。通过察言观色，重点介绍客户感兴趣的内容。

（3）房屋装修质检服务体系

① 设计师 1 周至少去施工现场一次。

② 质检人员至少 3 天去施工现场一次。

③ 工程经理至少 5 天去施工现场一次。

④ 公司总经理至少 7 天巡检施工现场一次。

2. 产品深入介绍

（1）询问客户喜欢的风格

常用风格：现代简约风格、北欧风格、轻奢风格、新中式风格、田园风格、美式风格、日式风格、法式风格、地中海风格、工业风格、东南亚风格等。

（2）介绍公司设计图纸库

介绍公司设计图纸库，也可带客户参观公司照片墙或公司资料集（设计师也可自己收集相关图片）。

（3）推荐设计师

"××先生（小姐），鉴于您比较喜欢××风格，那我给您推荐××设计师。（简单介绍一下设计师）您稍坐，我去请他过来。"

设计师要适时展示符合客户要求的最优秀的作品（展示时间控制在 2～5 分钟）。

要点：要让客户感觉到设计师能力强，要懂得吊住客户胃口。

（4）介绍房屋装修的相关知识

讲解设计合理的重要性、施工严谨的重要性、材料安全的重要性，注意突出公司品牌形象，可借助客户所了解的公司来介绍本公司。

第四阶段：解答问题

在介绍过程中要巧妙地解答客户提出的各类问题。该阶段客户提出的问题牵涉范围较广，对设计师的专业技能及沟通能力有考验。

第五阶段：促进成交

"××先生（小姐），您看您对我介绍的公司情况还有什么不清楚的地方？"

"您看您现在有没有时间？我可以为您专门定制详细的设计方案。"

要点：可拿出设计订单协议及相关活动协议（引导客户交定金）。

"由于咨询客户比较多，设计师工作量较大，因此在做完整的设计方案之前您需交纳设计定金，我把设计订单协议拿给您看看吧。"

第六阶段：送客

送客户到电梯口或者楼下。在送客途中，了解客户对公司或其他方面的印象如何，了解客户的真实感受和想法，并确认下次见面的时间、地点及之前商定的相关事宜。

要点：注意礼貌用语，控制情绪。

【实训评价】

每个小组依次根据角色分工进行面对面客户接待的情景模拟。在模拟过程中可以参考以上对话内容并进行适当修改。整个实训过程应符合实训要求。模拟结束后，班级进行小组自评、小组互评和教师评价。面对面客户接待实训评价表如表 9-3 所示。

表 9-3　面对面客户接待实训评价表

评价标准	小组自评（30%）	小组互评（30%）	教师评价（40%）
能够按照实训要求完成所有实训任务（10分）			
接待过程中注重商务礼仪（10分）			
自我介绍清晰、明确（10分）			
公司及产品介绍全面、重点突出（20分）			
问题解答过程流畅、能够消除异议（20分）			
促进成交过程高效、自然（20分）			
送客过程能进一步强化客户关系（10分）			

实训四　客户投诉处理实训

情景任务

悦己时尚酒店是一家以客户服务为中心的四星级酒店。该酒店一直秉承"服务创造价值"的经营理念，在业内同行中赢得了良好声誉。尽管如此，让客户满意仍不是一件容易的事情。以下是该酒店最近遇到的一件客户投诉案例。

4月16日下午3点左右，客房领班小欧查房时发现1105房淋浴室的防滑垫发黑起霉点，当即通知当班服务员小徐将防滑垫取出进行清洁消毒，并在工作跟进表登记后交由台班跟进。然而小欧在下午4点下班前没有再到1105房复查。而小徐将防滑垫取出到工作间浸洗后，恰好有电工来维修，小徐跟进维修工作直至下班，忘记将防滑垫放回1105房，亦未将此事向前来接班的小李交待。

小李接过小徐的班后，亦未认真检查工作跟进表中的房间状态，因此没发现1105房尚无防滑垫。晚上8点左右，有一批客人入住，要4间房，其中，一位女客人入住了1105房。该女客在淋浴时跌倒受伤，第二天投诉并要求索赔，理由是淋浴室未按要求放防滑垫。

如果你是酒店客服部客服经理，你会如何处理该投诉事件？

【实训目标】

1. 知识目标

（1）掌握客户投诉的类型。

（2）学会分析客户投诉的原因。

（3）掌握正确处理客户投诉的技巧。

（4）掌握客户投诉处理的禁忌。

2. 能力目标

（1）能够辨别客户投诉的类型。

（2）能够迅速明确客户投诉的处理思路。

（3）能够有条不紊地处理客户投诉。

（4）能够在客户投诉中吸取教训，增长经验。

3. 素养目标

（1）树立客户服务的忧患意识。

（2）培养沉着冷静的应变能力。

（3）培养良好的语言表达与沟通能力。

（4）培养发现问题与解决问题的能力。

【实训准备】

1. 实训准备

（1）准备笔和纸张。

（2）每 5 名同学一组进行情景模拟。

（3）分配好角色：小欧、小徐、小李、客服经理、客户。

2. 知识学习

CLEAR 法是一种系统化的客户投诉处理方法，包含 5 个关键步骤，能帮助企业高效应对客户问题，提高客户满意度。CLEAR 分析法由以下 5 个处理技巧组成。

Control（控制）：控制局面，避免投诉升级，保持冷静并引导对话，让客户情绪稳定下来。

Listen（倾听）：认真倾听客户的诉求，不打断、不反驳，让客户感受到被尊重和重视。

Establish（建立共鸣）：表达理解，建立共鸣，让客户知道企业关心他们的感受，增加信任感。

Apologize（道歉）：适当道歉，即使问题不是企业直接导致的，也要对客户的不便表示歉意，缓解客户情绪。

Resolve（解决）：提供可行的解决方案，并迅速落实，确保客户的问题得到妥善处理。

CLEAR 法客户投诉分析表如表 9-4 所示。

表 9-4　CLEAR 法客户投诉分析表

处理技巧	是否使用	具体表现（语言或行动）	改进措施
Control（控制）			
Listen（倾听）			
Establish（建立共鸣）			
Apologize（道歉）			
Resolve（解决）			

这个分析表的作用是记录企业在处理客户投诉时，是否使用了这些技巧，并分析具体其语言或行为表现，同时提出改进措施，以优化客户服务体验。

【实训步骤】

认真阅读情景任务，以小组为单位进行讨论，完成以下任务。

1. 客户投诉分析

讨论：按投诉的原因划分，本案例中的投诉属于哪种类型的投诉？

（产品质量投诉、服务投诉、价格投诉、诚信投诉）

讨论：针对这种投诉，客服人员处理客户投诉的思路是什么？

2. 客户投诉处理

如果你是本案例中负责受理该投诉的客服经理，完成以下任务。

（1）通过认真分析与讨论，阐述客户投诉的原因是什么。

（2）请拟定处理投诉的基本步骤。

（3）撰写相应的应答话术并说明理由。

3. 模拟现场解决

以小组为单位，按照客户投诉解决思路与应答话术，进行情景模拟，采用 CLEAR 法解决客户投诉。

其他小组按照 CLEAR 法客户投诉分析表进行小组评价，并提出改进措施。

4. 客户回访

通过两个星期的跟踪，该客户的投诉已得到解决，请你向该客户发送一封关于此次投诉处理的回访邮件。邮件内容包括客户对此次投诉处理是否满意、是否有新的问题需要解决等，字数要求在 150 字以上。

5. 展示评价

小组对撰写的客户回访邮件进行展示，其他小组根据 CLEAR 法客户投诉分析表进行评价。

6. 实训评价

教师进行总结评价。

【参考话术】

1．缓和客户情绪

（1）对不起，是什么事情令您生气呢？

（2）我们的工作失误造成您的困扰，真是对不起。

（3）因我的行为引起您的不满，我诚心诚意地向您道歉。

（4）如果因为我表述不当而让您觉得不愉快，我真诚地向您道歉。

2．道歉之忌

（1）切忌缺乏诚意。

（2）切忌犹豫不决。

（3）切忌不及时道歉。

（4）切忌道歉时先辩解、逃避责任。

3．倾听

（1）很抱歉，您是否可以告诉我事情的经过呢？

（2）很抱歉给您带来麻烦。能告诉我发生了什么事情吗？

（3）对不起，能不能告诉我事情发生的具体经过？

（4）您是否可以慢慢地把事情的经过告诉我？我将把它记录下来。

倾听客户抱怨时要附和客户的话，边点头边说"是的""是这样啊"以示认同。不要在客户表达不满时反驳或插嘴。

4．表达尊重

（1）您所告诉我的事情对我们的服务改进是非常重要且有价值的。

（2）我可以想象到这个问题给您带来的困扰。

（3）我非常理解您的感受。

（4）这的确是一件非常让人失望的事情。

（5）我为您所遇到的问题而感到非常抱歉。

（6）这种事情我以前也遇到过，我的感受和您是一样的。

5．找出客人的期望

（1）请问您觉得我们如何处理会更好呢？

（2）请问我们能为您做些什么吗？

（3）您觉得我们该如何解决这个问题呢？

（4）我们该立即做些什么才能解决此事情呢？

6．重复确认关键问题

（1）请让我确认一下您所需要的是……

（2）问题的所在是……

（3）请让我再次与您确认一下，您所期望的是……

（4）为了避免错误，请允许我总结一下该为您做的事情……

7．提供可选方案

（1）您可以选择……

（2）我将立即核查此事并将在××时间回复您。

（3）您可以……我们可以提供……

（4）这里有一个方案，您看……

8. 及时行动及跟办

（1）我将立即核查您的账单，并将在 10 分钟内答复您。

（2）我将立刻……，请您……，您是否可以……

9. 通过回访了解客人的满意度

（1）请问您对此事的处理感到满意吗？

（2）还有其他的事情我可以为您效劳吗？

【实训评价】

每个小组按照实训要求完成所有实训任务。在模拟解决客户投诉事件时可以使用 CLEAR 法。模拟结束后，班级进行小组自评、小组互评和教师评价。客户投诉处理实训评价表如表 9-5 所示。

表 9-5　客户投诉处理实训评价表

评价标准	小组自评（30%）	小组互评（30%）	教师评价（40%）
能够按照实训要求完成所有实训任务（15分）			
客户投诉原因分析全面准确（15分）			
采用 CLEAR 法解决客户投诉（20分）			
客户投诉处理方法得当、让客户满意（15分）			
达到团队协作、职业规范与职业素养目标（20分）			
现场模拟真实、自然、流畅（15分）			

网店客服综合实训

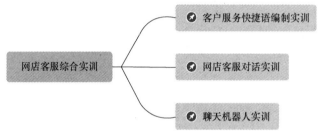

- 客户服务快捷语编制实训
- 网店客服对话实训
- 聊天机器人实训

网店客服综合实训

【实训介绍】

本项目旨在通过实践操作，全面提高学生在智能化客服环境中的业务能力与技术应用水平。围绕客户服务快捷语编制实训、网店客服对话实训、聊天机器人实训三大任务，构建真实电商客服工作场景，让学生熟悉现代智能客服的工作流程与工具应用。第一部分实训主要是通过小组模拟经营形式，借助 AI 生成工具编制某企业及产品的专属快捷语。第二部分实训是学生基于千牛工作台模拟真实电商环境下的客服核心任务的对话训练。第三部分实训聚焦于智能客服的发展，探索智能客服在自动化应答、客户问题识别、个性化推荐等方面的应用。通过三大实训模块的组合，学生能够在真实业务场景中学习和实践智能客服技能，为未来智能客服与电商客服的职业发展做好准备。

【实训目的】

通过前面的学习，学生了解了智能客户服务的素质及能力要求，掌握了智能客户服务的售前准备，学会了 FAB 法则及快捷语的编制技巧和方法，同时，还掌握了智能客户服务的具体流程。

通过本次实训，学生能够学会将理论应用于实践，能够使用 FAB 法则分析产品，能够真正进入智能客户服务的后台，进行客户服务整体流程的全面、真实操练，提高客户服务的专业技能，同时提高团队合作与竞争意识。

实训一　客户服务快捷语编制实训

【实训目标】

1. 知识目标

（1）回顾并掌握常用快捷语。

（2）回顾并掌握快捷语的编制方法。

2. 能力目标

（1）能够借助 AI 生成工具编制符合本企业特点的快捷语。

（2）能够通过优化整合与分类，建立自己的快捷语库。

3. 素养目标

（1）培养基本的商务礼仪。

（2）培养客户服务意识。

（3）培养工作热情与耐心。

【实训任务】

学生将以小组模拟经营的形式，为某企业及其产品编制专属快捷语。借助 AI 文本生成工具（如 DeepSeek、豆包等），针对不同客服场景（购前咨询、物流跟踪、售后服务等）生成初步快捷语，并进行优化整合使其符合本企业特点，最终形成全面完整的快捷语体系，并在 Excel 中分类汇总。该任务不仅培养学生的客服语言组织能力，还提高其 AI 工具应用能力。

【实训准备】

（1）配备计算机的实训教室。

（2）畅通的网络。

【实训步骤】

1. 分组及行业选择

（1）教师根据班级人数进行合理分组。

（2）各小组选择适合电商经营的任一行业，并定位好本小组所经营的产品。

2. AI 辅助快捷语生成

各小组根据所选择的行业，结合行业特点和所经营产品的特点，参照相关快捷语语录或者借助 AI 生成工具，生成初步的快捷语。

3. 快捷语优化汇总

（1）通过小组讨论，对生成的快捷语初稿进行优化、整合，最终完成客户服务的快捷语编制，形成符合本行业本企业产品特点的快捷语库。

（2）将快捷语输入 Excel 进行分类汇总，并保存。

4. 展示讨论

（1）各小组完成客户服务快捷语编制之后，进行展示。

（2）其他小组进行讨论评价，并提出需要改进的地方。

5. 实训评价

教师进行总结评价。

【实训要求】

1. 选择行业

根据本班人数，每 5～6 人一组，小组组成一个电商虚拟企业。各小组通过讨论，选择适合电商经营的行业。例如，服装、零食、电子产品、家居、美妆、图书等行业。

2. 定位产品

各小组选定行业后，可以通过小组讨论或者查看并参考电商平台本行业产品的经营方法，确定经营的产品类型、品牌名称、产品定位、性能特点及品牌优势等。

注意：请至少经营 3 款产品。利用 FAB 法则对本企业经营的产品进行深度分析，完成表 10-1。具体分析内容包括：每一款产品的产品名称、产品价格、产品参数、产品卖点、客户利益等。

表 10-1　本企业经营产品的深度分析

序号	产品名称	产品价格	产品参数	产品卖点	客户利益
1					
2					
3					

注意：表格内容可参照"女童时尚修身棉服"进行填写。同时确定本企业关于产品、发票、快递、退换货和售后服务等客户比较关注的内容，并做好特别说明。以上内容的确定可为快捷语设置奠定基础。

三、女童时尚修身棉服

原价298元，优惠价158元。

产品参数：

品牌名称	叮当猫	风格	欧美风格	领型	翻领
颜色	冰晶蓝、粉红	参考身高	100cm、110cm	安全类别	C类
颜色类型	纯色	里料材质成分	100%聚酯纤维	适用季节	冬季
厚度	适中	柔软性	柔软	厚薄	薄
适用性别	女	是否带帽	否	弹力指数	无弹

洗涤方式：建议使用中性洗涤剂在30℃的温水中手洗，洗涤以后自然平铺晾干或者对折悬挂晾干，不可暴晒，请勿和其他衣物一起浸泡以免发生染色。

备注：

（1）尺寸平铺量取，因计量方法的不同，可能会有1～2cm的差异，此种状况并非质量问题；

（2）发货以衣服尺码为准，产品页面建议身高仅供参考。

产品卖点：

（1）独特的翻领设计，为衣服带来时尚感；

（2）挂着可爱小猫精致挂饰，有质感，性价比高，为整体增加亮点；

（3）品牌专用拉链，顺滑易拉，穿脱更方便。

关于产品

产品上架前均由专业摄影师拍摄，拍摄内容包括室内拍摄、细节拍摄，全方位给客户展示产品，让客户看得更清楚，了解得更详细，买得更放心。但拍摄角度、拍摄光线、显示器不同等各种客观因素造成的色差是难免的，相关工作人员会尽量减少产品色差，但仍请以实物为准。本店已经是折扣微利销售，不可以议价。所有产品采用双层防损包装，保证货物安全。

关于发票

本店所有的产品均开具正规增值税发票（赠品除外），随货发出，客户凭发票在当地的售后维修站享受售后服务，全国联保。发票内容一律只包含客户购买的产品，不包含办公用品或其他。发票抬头无特殊要求一律为个人，如公司购买，请提供准确的发票抬头。由于发货量巨大，发票易出现短缺，此类情况下我们优先将产品发出，等发票补齐后用快递单独寄出，费用由本店承担。

关于快递

本店所有产品一律默认发圆通快递，非节日高峰期每天下午5：00前付款的订单当天发货，5：00后付款的订单次日发货；节日高峰期，在订单支付成功后，72小时内发货，发货后，江浙地区一般1~2天到达，其他地区3~5天到达。圆通快递无法到达的地区需指定快递，并需要补差价10元。

关于退换货

所有产品均按照国家三包政策提供售后服务，自售出之日（以实际收货日期为准）起7天无理由退换货，若15日内产品质量有问题，将完全按照客户要求进行退换，往返运费均由本店承担。非质量问题退货，寄回的运费由客户承担。三个月内保修。所有退换货产品，请一律附上便签写明原因、订单编号、收件人的信息等。如若本店未按承诺发货，可以联系本店客服，也可以直接申请退款。

售后服务

所有产品均为正品，全国联保，维修期间如遇到质量问题，请致我们的热线400-×××-6××8或联系旺旺客服。

3. 快捷语编制

各小组根据所选行业及产品，结合常见的快捷语，借助 AI 生成工具，编制本企业的专属快捷语，通过 Excel 进行保存。

快捷语主要包括：基本礼貌问询、道歉、产品基本参数、参考尺寸、产品细节、产品风格、适用人群、产品其他参数、产品卖点、快递情况、退款情况、发票情况、收货地址更改情况、退款到账时间、运费情况、货到付款、联保情况、发货时间、议价、优惠情况等信息。

【实训评价】

各小组进行展示汇报，其他小组可提出质询，台上台下进行互动，全班讨论、交流。评价包括小组自评、小组互评和教师评价。客户服务快捷语编制实训评价表如表 10-2 所示。

表 10-2　客户服务快捷语编制实训评价表

评价标准	小组自评（30%）	小组互评（30%）	教师评价（40%）
快捷语内容全面、完整（30分）			
快捷语体现出热情、耐心、专业等特点（30分）			
团队协作高效、讨论激烈、分工明确（20分）			
课堂展示真实、自然、深刻、流畅（20分）			

实训二　网店客服对话实训

【系统介绍】

本实训系统为千牛工作台。该平台为阿里巴巴集团官方出品，淘宝卖家、天猫商家均可使用。其整合了交易、商品、营销、推广、客服、店铺、内容、私域、财务、金融等十大功能。其核心是为卖家整合店铺管理工具、经营咨询信息、商业伙伴关系，借此提高卖家的经营效率，促进平台与卖家间的合作共赢。本实训通过模拟电商客服工作场景，让学生了解千牛工作台的基础操作，掌握快捷语设置与客户对话训练等核心功能，提高客服沟通技巧与业务处理能力。

【实训目标】

1. 知识目标

（1）回顾并掌握快捷语导入方法。

（2）回顾并掌握快捷语回复方法。

（3）回顾并掌握聆听与回复技能。

2. 能力目标

（1）能够进行千牛工作台的基础设置操作。

（2）能够保证快捷语回复的快速、准确。

（3）能够掌握不同场景下的客户沟通与服务对话技巧。

3. 素养目标

（1）培养工作的热情与耐心。

（2）培养团队合作精神。

【实训任务】

本实训是学生基于千牛工作台模拟真实电商客服的工作流程，熟悉千牛客服工作平台的基础设置、快捷语设置等基础操作，通过售前产品咨询、订单查询、售后处理等核心任务的对话训练，锻炼客服沟通技巧。

【实训准备】

（1）配备计算机的实训教室。

（2）教室有畅通的网络。

【实训步骤】

1. 平台介绍与注册

组织学生以小组为单位注册一个淘宝卖家账号，并起好店名，根据要求做好注册设置。同时保证每个小组成员都拥有淘宝个人账号。注意：可以继续沿用实训一中的分组情况及行业、产品定位情况。

2. 扮演分工

每个小组中任选 2 人扮演客服人员，通过淘宝卖家账号登录千牛平台账号；剩余成员扮演本组客户角色，登录淘宝个人账号。

3. 熟悉基本操作

所有成员研究并熟悉千牛工作台的基础功能操作。熟悉并完成千牛工作台快捷语的设置、编辑、导入、导出等操作。

4. 对话模拟训练

客户开始根据该行业及产品特点，在对话框提出问题。客服人员利用快捷语进行回复。

5. 实训评价

教师进行总结评价。

【实训要求】

1. 登录千牛账号

千牛工作台一般可以直接使用淘宝或天猫店铺的账号登录，无须额外注册。登录页面的网页版和手机移动版存在不同，网页版登录页面如图 10-1 所示。

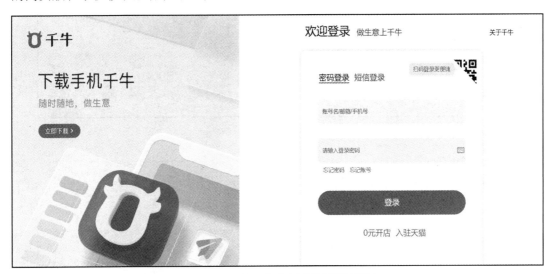

图 10-1　千牛工作台网页版登录页面

2. 熟悉千牛工作台的基础功能

进入千牛工作台，点击【首页】，熟悉界面与基本功能。了解店铺数据、待处理及常用的十大功能。千牛工作台网页版界面如图 10-2 所示。

进入【客服】模块，了解客服人员的工作界面。熟悉客服工作的六大模块：客服总览、客服数据、接待管理、跟单工具、售后服务与机器人。同时通过客服总览了解客服待办任务、服务数据、常用接待工具。客服模块网页版界面如图 10-3 所示。

图 10-2　千牛工作台网页版界面

图 10-3　客服模块网页版界面

3. 快捷语设置

进入【接待管理】模块，点击【接待工具】，点击【人工接待工具】中的【快捷短语】，进行常用话术编制。接待工具界面如图 10-4 所示。

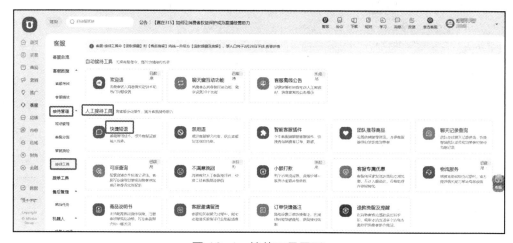

图 10-4　接待工具界面

点击【快捷短语】，快捷短语工具总共有 3 个功能：导入官方话术、文件批量导入和新增分组，如图 10-5 所示。其中"导入官方话术"可以启用官方话术组，设置常见话术。在该功能中，我们可以获取大量常见话术，并进行话术的导入、导出、分组、置顶、编辑、停用等操作。此外，也可以通过"文件批量导入"功能直接以 Excel 形式大批量导入快捷语。请学生以小组为单位完成以上快捷语的设置工作，并将上一实训制定好的快捷语进行批量导入。

图 10-5　快捷短语界面

4. 进行客户服务对话训练

所有客户通过淘宝 App 搜索关键词，查询到该店铺。点击店铺右下角【联系客服】，可以根据自己情况，进行随机发问，客服人员可以打开对话框和快捷语，在右侧直接找到想要回复的快捷语，点击即可进入对话框，点击【发送】即可。

最后，由客户扮演者点击淘宝 App 下方的【评价客服】为客服人员打分。

客户服务要保证熟练掌握快捷语，快速回复客户信息，提高客户满意度，同时降低客户服务出错率，减少客户跳出率。最后，比较哪个小组回复消息最快，服务的客户次数最多，错误最少，且满意度最高。

【实训评价】

根据小组表现情况进行评分，网店客服对话实训评价表如表 10-3 所示。

表 10-3　网店客服对话实训评价表

评价指标	具体表现	小组得分
回复数量	每回复 1 条消息得 1 分	
回复准确性	每回复错 1 条消息扣 2 分	
客户跳出率	客户每跳出 1 次，扣 2 分	
客户满意度	客户打分（1～5 分），小组得分为客户打分乘以 5	

实训三　聊天机器人实训

【系统介绍】

聊天机器人系统是一种采用人工智能技术，特别是自然语言处理（NLP）和机器学习，来模拟人类对话并提供帮助的系统。在电商和购物平台中，这些系统扮演着重要的角色。聊天机器人可以回答客户的常见问题，如订单状态、退货政策、产品详情等，减少客户对人工客服的依赖。同时，这些系统能够全天候服务，不受时间限制，根据客户的购物历史和偏好提供个性化的产品推荐，通过自动化的交互方式，提高响应速度和效率。此外，聊天机器人通常支持多个平台和设备使用。

【实训目标】

1. 知识目标

（1）学习聊天机器人的基本概念和功能。

（2）学习机器人的使用方法和基础原理。

（3）学习如何设置机器人自动回复。

2. 能力目标

（1）能够成功开通机器人客服功能。

（2）能够进行机器人的基础设置。

（3）能够模拟真实场景，利用聊天机器人进行有效的客户服务。

3. 素养目标

（1）培养创新思维和技术适应能力。

（2）增强对提供高质量客户服务的认识。

（3）培养团队合作和问题解决技能。

【实训任务】

本实训项目以千牛工作台为实训平台，主要使用的是【客服】这一功能下的【机器人】模块。该项目通过模拟电商客服工作场景，使学生掌握机器人自动回复的基础操作与快捷语设置，提高客服服务效率与客户满意度。

【实训准备】

（1）配备可以访问互联网的计算机。

（2）准备实际的网店客服场景和问题样本。

【实训步骤】

1. 平台介绍与登录

（1）教师介绍千牛工作台的基本功能和界面。

（2）学生以小组为单位选择某个行业，登录平台账号。

2. 基础操作训练

（1）学习如何在平台上开通聊天机器人。

（2）学习机器人功能概述及使用说明。

（3）熟悉平台界面和基本操作，完成机器人自动回复设置。

3. 模拟客户互动

（1）引导学生根据已选择的行业场景及产品特点设计聊天流程。

（2）小组内部成员互相扮演客户和客服，进行模拟对话。

（3）实践调整聊天机器人的回复内容和流程。

4. 实训评价

教师进行总结评价。

【实训要求】

1. 登录千牛工作台

由于在上一实训中已经注册了淘宝卖家账号，学生在本实训中可以直接使用淘宝或天猫店铺的账号登录，无须额外注册。

2. 开通机器人功能

首次使用时，进入千牛工作台，点击左侧【客服】中的【机器人】模块，可以设置 3个高频问题，如图 10-6 所示。完成设置后即可成功开通"机器人"业务，实现"夜间无人值守""白天辅助接待"的功能，如图 10-7 所示。

图 10-6　机器人模块界面

图 10-7　成功开通机器人界面

3. 查看并学习机器人介绍

成功开通机器人后，点击【客服】，进入【机器人】模块，点击【机器人主页】下的【买家进店】，通过"了解机器人使用说明"进入界面，学习店小蜜-官方机器人的功能概述与使用说明。网页版操作界面如图10-8所示。

图 10-8 查看并学习机器人介绍

4. 机器人自动回复设置

在【机器人主页】下找到"配置指南"，可以依次完成各项机器人自动回复设置，如图10-9所示。

图 10-9 机器人自动回复设置

通过"设置开场白和场景问题"可以进入设置"欢迎语"界面。通过"设置接待模式"可以进入"接待设置"界面。通过"配置发货时间和快递"可以进入"对话设置"界面。通过"新增回复内容"可进入"常见问答配置"界面。通过"设置转人工策略"可进入"转人工策略"的设置界面。除此之处，在初次开通机器人功能后，通过点击【开始使用机器人】，也可以直接进入"接待设置""欢迎语""对话设置""转人工策略"等页面，完成基础设置。网页版操作界面如图10-10至图10-14所示。

图 10-10 欢迎语页面

图 10-11 接待设置页面

图 10-12 对话设置界面

图 10-13　常见问答配置页面

图 10-14　转人工策略页面

此外，点击【机器人】中的【基础问答】，进入"关键词回复"页面，点击"添加关键词"，还可以添加 20 个关键词词组及其回复内容。网页版操作界面如图 10-15 所示。

图 10-15　关键词回复页面

5. 模拟客户互动

学生按照已选择的行业场景及产品特点进行机器人相关设置，设计聊天流程。小组内部成员互相扮演客户和客服，通过机器人自动回复功能进行模拟对话。

最后，通过对话实践适时地调整聊天机器人的回复内容和流程。

【实训评价】

各小组进行展示汇报，其他小组可提出质询，台上台下进行互动，全班讨论、交流。评价包括小组自评、小组互评和教师评价。聊天机器人实训评价表如表 10-4 所示。

表 10-4 聊天机器人实训评价表

评价标准	小组自评（30%）	小组互评（30%）	教师评价（40%）
开通机器人功能（30分）			
完成各项自动回复设置（30分）			
对话中的客户满意度（20分）			
团队合作能力（20分）			

参考文献

［1］邬金涛. 客户关系管理[M]. 3 版. 北京：中国人民大学出版社，2022.

［2］王永贵，马双. 客户关系管理[M]. 2 版. 北京：清华大学出版社，2021.

［3］盘红华. 电子商务客户服务[M]. 2 版. 北京：北京理工大学出版社，2019.

［4］王占刚. 客户第一：华为客户关系管理法[M]. 北京：人民邮电出版社，2020.

［5］苏朝晖. 客户关系管理[M]. 3 版. 北京：人民邮电出版社，2022.

［6］史雁军. 数字化客户管理[M]. 北京：清华大学出版社，2018.

［7］苏朝晖. 客户思维[M]. 北京：机械工业出版社，2019.

［8］林建宗. 客户关系管理理论与实务[M]. 2 版. 北京：清华大学出版社，2018.

［9］刘建珍，刘亚男，陈文婕. 网店金牌客服[M]. 2 版. 北京：人民邮电出版社，2022.

［10］刘民英. 商务礼仪[M]. 2 版. 上海：复旦大学出版社，2020.

［11］崔恒华. 网店客服实操[M]. 北京：电子工业出版社，2018.